THICK
DESCRIPTION

传递历史主线的脉动

丛书主编　王东杰

储蓄来生

宋代以来的寿生寄库信仰

韦兵 著

巴蜀书社

2014年德宝秋拍西夏文《寿生经》残叶

清代寿生寄库水陆画

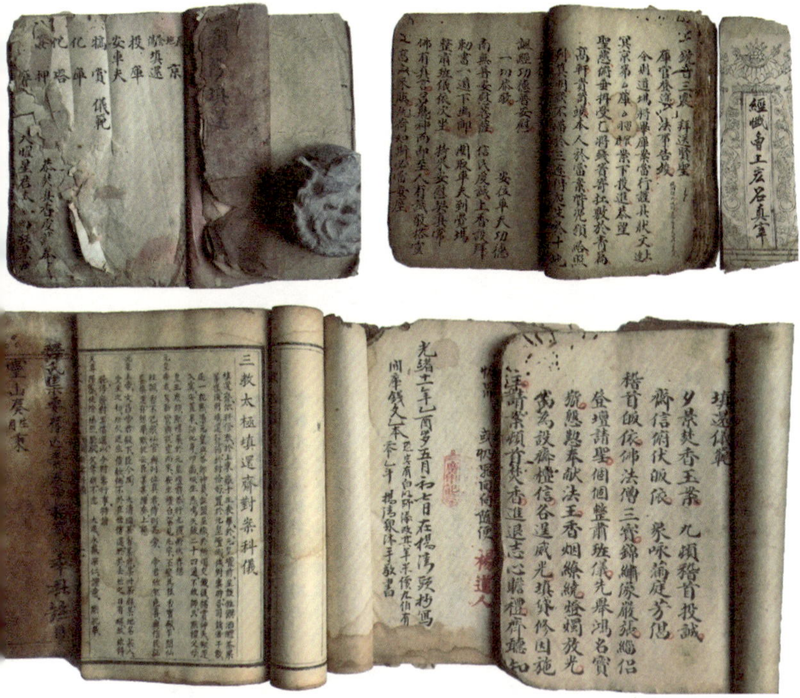

寿生寄库科仪文书（韦兵收集）

重修延壽寺碑記

博讀洪範建極斂福莫過於壽及讀詩傳云爾受命長矣福祿爾康矣然非至誠以祈天廣施以集福曷克足哉博讀藏經內妙法

蓮華經云無盡意菩薩白世尊我今當供養觀世音菩薩即解頸衆寶珠瓔珞與之爾時觀世音愍此無盡意受茲法施功德不少

佛說壽生經云若有善男子善女人納得壽生錢災星不照福曜常臨注衣注食注命注祿恭惟

聖母慈聖皇太后聞得延壽寺一區歲久圮壞發心施捨銀一千五百兩暨宮眷人等陸續施銀一千兩俱命近侍官王喜董其事重修

寶剎重整金容即無盡意菩薩之施寶珠瓔珞善男信女之納壽生錢其發心一也善因善果大功大德真有光于

天地

祖宗矣特命僧衆晨夕焚修端祝

今上皇帝出入起居康寧亨吉

壽與天齊福同川至萬萬年無疆之慶也再祈

宮朝清泰海宇平安天不愛其道地不愛寶億萬年太平有象之長也是舉也經始於隆慶五年四月初三日落成於萬曆元年八月初

十日內建山門一座天王殿一座鐘鼓樓二座藏經殿五間內新印藏經全水陸殿五間新造水陸全方丈房三間禪房十間接待

僧房三間凡供設器物靡一不具芝房桂殿盡善盡美寶閣瓊臺美輪美奐對越頂禮之餘信有感通之妙

佛天永護佛日永明佛光永照我

慈聖皇太后茂膺景佑自求多福端在茲哉是為記

賜進士第光祿大夫柱國少師兼

太子太師吏部尚書侍

[illegible]筵食正一品俸蒲坂[illegible]撰

[illegible]旨

[illegible]年八月二十日立

燕山張[illegible]

万历元年重修延寿寺碑记

总序

“深描”（thick description）两字广为人知，大概主要得力于人类学家克利福德·格尔茨（Clifford Geertz）的使用；而格尔茨又明言，这个词是他从哲学家吉尔伯特·赖尔（Gilbert Ryle）那里借来的。格尔茨解释何谓“深描”，举的都是赖尔用过的例子：一个人眨了下眼，他可能就只是眨眼而已，用来缓解一下视觉疲劳，但也可能是跟对面的朋友发送了一个心照不宣的信号，或者是在模仿取笑第三个人，甚或可能只是一个表演前的排练。我们要确切把握行为者的真实意图，不能依靠对动作的“浅描”（thin description）——比如，某人正在迅速张开又合上他的右眼——而是要提供一套对其“意涵”加以破解的方式：这意涵由行为者所在的社会与文化共识决定（也离不开物质和生理条件的制约）。照我理解，最粗浅地说，“深描”即是将对象放在其所在的具体语境中加以理解。它得以成立的理论上的前提，则是相信人是一种追求并传达“意义”的动物。

编者相信，“深描”不是一种固定的研究手段，而是一种观察世界的方法。世界如许广阔，收入这套丛书的著作，当然也不限一个学科。其中以史学作品居多，那自然同编者自己的学科训练及交游局限有关，但也收入人类学、社会学、文学史、艺术史、科技史、哲学史、传媒研究的著述。若说它们有什么共同之处，那主要是形式上的：每本书的体量都不大，约在8万—12万字上下——这种篇幅在现行学术考评体制下颇为尴尬，作为论文似乎太长，作为专著又似乎太短；方法上，秉承“小题大做”原则，力图透过对具体而微的选题进行细致深密的开采，以传递历史主线的脉动，收到“因小见大”的效果。从书所收皆是学术著作，但也希望有更广的受众，因此在选题方面，希望多一点风趣，不必过于正襟危坐、大义凛然；在表述上以叙事为主，可是也要通过深入分析，来揭晓人事背后的“意义”，同时力避门墙高峻的术语，追求和蔼平易、晓畅练达的文风——然而这却不只是为了要“通俗”的缘故。而是因为编者以为，“史”在中国本即是“文”，20世纪以来学者将此传统弃置脑后，结果是得不偿失，不仅丢掉了更多读者，也丧失了中国学术的本色精神。“深描”则尽可能接续此一传统，在中国学人中提倡一点“文”的自觉（至于成绩如何，当然是另一回事）。

用今日通行的学术评估标准看，“深描”毫无疑问位处边缘，不过我们也并不主动追求进入“中心”。边缘自有边缘的自由。在严格遵循真正的学术规范、保证学术品质的前提下，“深描”绝不排斥富有想象力的冒险和越界，甚至有意鼓励带点实验性的作品。毕竟，“思想”原有几分孩童脾气，喜欢不带地图，自在游戏，有时犯了错误，退回即是。畏头畏脑、缩手缩脚、不许乱说乱动，那是管理人犯，不是礼遇学者。一个学者“描”得是否够“深”，除了自身功底的限制，也要依赖于一个允许他／她“深描”的制度与习俗空间，而这本身即是“深描”所要审视的、构成社会文化意义网络的一部分。据此，编者决不会为“深描”预设一个终结时刻，而是希望它福寿绵长——这里说的，自然不只是这套丛书。

王东杰

contents

目　录

绪　论　寿生寄库——冥府中的金融与契约............1

第一章　寿生经典及源流考索............11

第二章　折射与融合：寿生信仰诸要素的
文化分析............53

第三章　共享的精神世界：从出土文献看
十一十三世纪以来宋、金、西夏地区
的寿生信仰............138

第四章　大足北宋寿生信仰造像：石篆山
“长寿王龛”考辨............188

第五章　寿生寄库信仰与《西游记》
取经缘起............219

结　语............249

图版目录……254
参考文献……256
主题索引……269

后　记……276

绪论：寿生寄库——冥府中的金融与契约

《西游记》开始部分有个有趣的故事：唐太宗入冥，没钱打发纠缠的冤魂，于是借了相良寄存在此的十三库金银之一才得以脱身。原来相良只是世间一个卖水的穷汉，因平日多买纸钱锡锭焚化，寄存冥府，故在阴间有十三库金银的财富。还魂以后，太宗以真金白银偿还相良。这个引人入胜的借冥钱还真钱的故事涉及了寿生寄库信仰。

中国古代安顿亡魂的方式有一个演变过程，分为佛教传入前和传入后两个阶段。佛教传入前认为人死了以后，魂魄分解，魄藏于地，魂升于天。由于这种魂、魄二元论，所以安顿亡灵的重点也是分别而论，一是要把魄（鬼）安藏于土中，隔断与生人的联系；二是确保魂（神）升于仙界，与祖灵会合。佛教传入后，据佛教观念，人在死的时候，身体四大分解，释放出一个亡魂，不再强调魂魄二元。这个亡魂要经过地狱的审判、酷刑，根据业力再去六道投胎，开始新的生命轮回。唐宋以后，佛教这种审判加酷刑的幽冥世界形象日渐成为人们的基本观念，十王、判官、牛头马面及各种酷刑构成的冥府就是人们对死后世界的共同理解。[①]而唐宋之际，人们观念中的幽冥世界有了一个重要变化，即审判加酷刑的冥府观念中增添了新的金融与契约成分，这个变化把冥府审判与酷刑的阴森恐怖大大削减，亡魂在地狱的经历变为一个平和的契约签订和履约的过程。这个变化就是“寿生寄库”观念兴起带来的。十王审判式冥府中拯救亡魂免受沦落之苦，就需要有造像、抄经、行善等功德，这些是抵消罪业，使亡魂免受苦楚的手段。而在寿生寄库金融式冥府中，所有功德都被约化为烧纸钱和诵经（所诵佛经也约化为《金刚经》《寿生经》两部）两种形式。亡魂凭借诵经功德及生前所焚烧偿还冥府宿债的寿生纸钱和预存于冥府的寄库纸钱，加上证明这些纸钱已经收存冥府的虚拟契约文

---

① 关于古代人对身后世界理解的研究可参考余英时著，侯旭东等译：《东汉生死观》，上海古籍出版社，2005年；《中国古代死后世界观的演变》，《中国思想传统及其现代变迁》，广西师范大学出版社，2004年。谭优学：《泰山·蒿里·阎罗·酆都》，《广斗室居随笔》，作者自印本，1993年。葛兆光：《死亡之恐惧及其消解：中国古代宗教与文学中死后世界主题的演变》，《中国宗教与文学论集》，清华大学出版社，1998年。姜生：《马王堆一号汉墓四重棺与死后仙化程序考》，《文史哲》2016年第3期；《汉代老子化胡及地狱图考》，《文史哲》2018年第2期。

牒，就可以得到拯救，这是唐宋之际诞生的新观念。

寿生寄库是十世纪以后的第二个千年里中国人理解生命、疾病、死亡及身后世界的一种新方式。寿生，本作“受生”，意思是注受生命，因为民间崇尚吉利，又写作寿生。[①]简单地说，寿生观念认为人来到世间得到生命是由于向冥司借了寿生钱，以此为“资本”才在世间有衣禄。贵贱寿夭就取决于带来世间寿生钱的多少，这些钱会因享受而消耗，消耗到一定程度，人就会生病，寿生钱用尽，人也就死了。所以，信仰者要还寿生钱，归还方式就是烧纸钱寄还冥司。寿生仪式疏文云：“生前求度，常（尝）借冥资。丽阴阳受命于潢流，禀天地陶形于盛世。身虽荣潢，欲网难除。或恣情纵意而成愆，及执妄随情而背觉。知身是幻，悟世非坚。鬓毛染五夜之霜，眉□卸三春之翠。以斯恳切，大起惊疑。仗密言而准教修崇，遵佛敕而依经修奉。”[②]疏文文辞典雅，讲得也算明白，人在冥司借寿生钱投生，欲望和享乐耗费了这些寿生钱，衰老疾病随之而

① “受生”为本字，“寿生”为后起，不仅是带吉祥称呼意味的讹文，而且与佛教发展道教受生信仰有关。道教多用“受生”，佛教多用“寿生”。由于“寿生”的用法不仅广泛流行，而且形成了特殊的文化内涵，讹字约定俗成被大众接受，影响反而超过本字，故本书叙述中遵从文本的历史状况，通常使用“寿生”，涉及引用原文作“受生”的，依照原文。因此本书行文依上下文情况，同时使用“受生”与“寿生”，不作统一。

② （明）冰雪道人：《雅俗通用释门疏式》，卷二，《宗蕃还受生疏》，早稻田大学藏楚南宝庆府宋三益堂重刊本。

来，填还冥司寿生钱迫在眉睫，所以需要“依经修奉”，即遵照《寿生经》及相关仪轨还寿生钱。有还钱就有存钱，如果寿生是还钱，寄库就是存钱，这是指烧纸钱寄存在冥司库曹，死后到冥间领取，在冥间享用或用于投胎转世。寿生是填还前生的欠账，寄库是储蓄来生的福禄。[①]

填还寿生寄库可得福报：“伏闻寿生二字乃为人出世之音（因），寄库功勋想今生必积来世。三宝福田宜种千生之果，九泉库藏可寄万贯之资。因填还于今生，果感昭然后世。”[②]寿生寄库必依照仪轨举行，书写阴阳文牒：“阴化阳存牒二封，寿生功德已周隆。阴牒先寄冥司库，阳牒随身待寿终。先过□借后难逢，现前福寿永无穷。今日皇坛给与你，异日冥司对合同。”[③]寿生寄库仪式中焚纸钱、诵经均立阴阳合同各一份，写明斋主姓名及所焚纸钱、所诵经卷数量，阴牒随纸钱焚化，由冥府收执；阳牒给斋主保存，待百年身后焚化随葬，斋主执此阳牒到冥府钱库核对阴牒，支取钱财。

寿生寄库的信仰中，信仰者凭借虚拟的货币——“冥财”，通过与冥司收支借贷的模拟金融过程，自主地完成了灵魂

---

① 关于寿生和寄库两种仪式的来源、异同可参考宋坤的研究：《填还阴债与预寄珍财——古代“受生”“寄库”观念考辨》，《敦煌研究》2017年第3期。

② 《投元辰科范》，《佛门生斋全集》，侯冲藏清代抄本。

③ 《给受生阴阳牒》，《佛门生斋全集》，侯冲藏清代抄本。

拯救。生命的三世轮转以“货币”的方式被简洁、精确地计算衡量，生命过程中的贫富、寿夭、贵贱等不同方面都可以被折算成等价的“货币”形式。而且冥钱信用为冥府的公正所确保，尊重契约，勘对严格，执行有力，完全不受世间权力财富干预。三世的轮回以借贷、还贷、储蓄这样的金融过程来体现，通过可以计算、操作和把握的“货币”收支借贷，前世和来生所有难以把握的不确定性都被消解了。这是十世纪以来，现实世界货币强大力量的观念投射，这种力量深刻影响和塑造了人们的生活与世界。

寿生寄库方法简单——烧纸钱，生年干支不同，需要偿还的寿生钱不同，个人可以查对《寿生经》所附《六十甲子十二相属所欠寿生钱诵经数》知道自己应该填还的寿生钱数量。其仪式可以求助于僧道，也可以完全自己操作，生命三世轮回的主动权神奇地掌握在了自己手中。早期寿生仪式似乎个人自主性更强，“杭有杨妪，信庸僧寄库之说，月为一竹篓，寓置金银而焚之，付判官掌之。判官者，取十二支之肖似为姓，如寅生则黄判官，丑为田，未为朱……”[①]这是宋代文献中所载寄

① (宋)佚名:《鬼董》,卷四,《十王寄库》,文物出版社,2014年,第52页。此条所记寄库仪式似乎与常见不同,不是按生年干支寄库,细勘文义应该是每月焚烧,寄存于对应此月支的冥库判官。这说明在被僧道主持的标准化仪式之前,配合个人操作,寿生寄库拥有不少灵活的方式。黄永年先生早年研究冥器,认为这里的十二支判官是从十二支神冥器转化而来(见黄永年:《〈十二支神像〉补考》,《茭蒲青果集》,中华书局,2012年,第154页)。这种观点不对,这是两个独立的系统,其实没什么关联。

库风俗，虽然是信“庸僧”之说焚烧寄库，但每月都要进行如此高频率的烧醮活动，不大可能延请僧道。这种花费不是普通百姓所能承受，极大可能就是杨妪自己操作。黑水城文献A-32金代《佛说寿生经》及寿生科仪文本也很可能是个人抄写用以指导自己操作的寿生仪式的手册。①这是中国式“免罪符”，把生死轮回通过“货币”这种最通俗的形式来操控，而且这种操控完全凭借个人愿力和实践，不需要教团，让普通人能够自我独立安顿三世灵魂。②寿生信仰中替代教团和僧侣的是个人虔诚以及契约与履约等个人行为，个人可以具有极大的主动性来把握自己身后的命运。即使请僧道来完成仪式，也是用金钱来购买一种“服务”，应赴僧就是专门从事这种服务的宗教人员。这里僧道的神圣性在这种商品关系中被消解，而世俗和个人取得了某种解放，这在宗教观念上无异于一种革命。担心神圣会被消解，也是正统的教内僧侣会反对寿生寄库，蔑视应赴僧的原因之一。但是寿生寄库在观念上顺应了历史发展的趋势，具有极强的生命力，教内外的精英虽然批评反对，却不能

① 《俄藏黑水城文献》，第5册，上海古籍出版社，1998年，第317—337页。

② 经忏中强调寿生需要请僧道举行仪式，但实际上限于财力等原因，不是所有人都能请僧道做法事，民间个人烧醮非常普遍。最早的寿生文献黑水文献A-32金代《佛说寿生经》就是民间抄写的带全部仪节的法事文本，其中有不少仪式提醒字句，估计就是供抄本所有者个人操作仪式时使用。

阻碍其流行。

烧寄冥府的纸钱也可以用另外一种方式来折算——读经折钱。佛教观念认为造像、印经、布施、读经都是积累功德的方式，但前面几种方式都需要人力、物力和财力以及组织统筹等，唯有读经成本最低，不需要钱财，而且也不需要借助教团或组织，完全是个人式的。读经给下层民众一种充满个性尊严的承诺：如果没有钱财力量造像、印经、布施积累功德，只要能读经，也可以积累功德。这种功德与其他方式积累的功德不仅没有差别，似乎还更“坚挺”，更具“流通性”——可以在幽冥世界折算为寿生钱。读经和烧纸钱共同突出了寿生信仰的个人性。

读经，主要是指读《金刚经》。能够进入到中国人丧葬仪式和观念中的佛典比较有限，除《地藏经》《十王经》等专门针对幽冥世界的经典以外，《金刚经》是深度进入拯济幽冥领域的著名佛典。具有这样功能的佛典不多，同样是影响深远的佛经，在关于幽冥世界的传说中就不常看到唯识、《坛经》等内典。关于冥界的想象中，读诵《金刚经》的功德是一种特殊的“货币”，是功德的“一般等价物”，如果纸钱对应世间的楮币铜钱，《金刚经》则对应黄金。而读《金刚经》可以折算为冥间“货币”，就像黄金可以任意兑换纸币一样。在不少入冥的传说中，冥间官吏更喜欢还愿者读经回向，而不是给他们烧纸钱。显然，他们和世间人一样知道黄金比纸币更坚挺。

黑水城文献A-32金代《佛说寿生经》："贫穷之人，无钱还纳，已转《金刚经》亦令折还钱数。"又《告冥司许欠往生钱折看经品目牒》："当生年于冥司本命库中许欠注生钱数，今得为人，不昧忠心，用伸醮还，《金刚经》一卷折钱三千贯。"[①]"转""看经"都是指讽诵《金刚经》。欠冥司注生钱（受生钱）本来是烧纸钱还债，若贫穷之人，也可以念诵佛经抵债，念一卷《金刚经》折三千贯受生钱。以诵经抵神冥之债是当时一种流行观念。寿生寄库仪式被僧道控制后逐渐标准化，烧醮和诵经要求同时配合举行。后来，由于《金刚经》篇幅稍微长了，《心经》被更多采用。明清以来民间斋醮仪式经常诵念的就是被称为"修真之总经，作佛之会门"的《心经》，篇幅极短的这篇经文几乎成为佛经的代指。《西游记》中多次提到《心经》，有乌巢禅师教授《多心经》的情节，这与明清时期斋醮仪式中重视《心经》有关。

中国古代安顿亡魂的方式总结起来有几种：升仙炼度、往生净土、冥判轮回、寿生寄库。升仙炼度是在一套技术指导下，保障亡灵能够飞升仙界，西王母信仰和后来的九幽炼度都

---

① 《俄藏黑水城文献》，第5册，上海古籍出版社，1998年，第317—337页。

属于这个范畴。[1]往生净土是佛教徒通过自己修证，或通过佛菩萨接引，死后神识进入各种净土世界。冥判轮回是指亡魂在幽冥接受审判，逐一通过阎罗十殿，生前造作诸罪孽，此时纤毫不能隐瞒，必被报以酷刑。亡魂受审遭刑结束，权衡功罪，转生六道。寿生寄库虽然是从冥府十王地狱中衍生而来，亡魂也是要经过冥府勘对才投生转世，但内涵有重大改变，即以金融契约替代审判酷刑。冥府勘对不再是刑罚勘罪，而是一场针对合同文书及债权、债务的金融审查。

拯救亡魂升仙炼度讲究技术，往生净土讲究功夫，冥判轮回讲究功德，而寿生寄库讲究的是存贷。在寿生寄库文本中基本看不到对功夫、功德的强调，对技术也只是强调主持者对仪式程序和牒文书写格式熟悉，与九幽炼度复杂精密的技术相比，不值一提。寿生寄库将其他三种方式中的技术、功夫、功德全部约化为烧纸钱。功罪的度量标准被约化为货币收支，更确切地讲是约化为数字，从而消解了技术、功夫、功德中功罪量度标准的差异性。[2]这些标识"拯救指数"的货币数字，可

---

① 关于升仙炼度的研究可参考姜生:《汉帝国的遗产: 汉鬼考》, 科学出版社, 2016年。

② 李志诚注意到:"传世的佛教《受生经》经文完全没有提及'功德''地狱'与'审判'这些属于死后拯救的词汇与概念", 寿生寄库是"基于纸钱为冥界流通资本的观念下所产生的仪式"。李志诚:《宋元时期佛教与道教预修仪式研究》, 香港中文大学博士论文, 2019年, 第44页。

以扣除、累积、叠加、抵折，跨越个人的三世生命，不同人之间还可以拆借。冥府的审判功能之外，一个新的金融和信用的功能被突出。这种变化其实是唐宋以来社会变革的一种折射：实物地租转向货币地租，商业与金融的发展，货币的广泛使用，以及平民社会的诞生，都对那个时代的精神和文化产生了巨大影响。寿生寄库信仰中冥府衍生出的金融功能就是这种变革影响的产物。

第一章　寿生经典及源流考索

佛、道二教都有《寿生经》（或《受生经》），出土和传世文献中具有代表性的主要有以下诸种：佛教寿生经典中，北京德宝2009年拍卖的一件北宋《明道二年（1033）福建路建阳县普光院众结寿生第三会劝首弟子施仁永斋牒》是今天所见最早有关佛教寿生信仰的实物；现在能看到最早版本的佛教《寿生经》是黑水城文献编号A-32的金代抄本《佛说寿生经》；较早的佛教本子还有2014年11月23日的北京德宝古籍秋拍西夏文译本《佛说寿生经》残叶；[①]侯冲曾介绍云南发现的元代北汤天本《寿生经》，此本似未刊布，未能寓目。国家图书馆藏有两个明代刻本，一本是《连相寿生经》，首存尾残，卷首有扉画；另一

① 高山杉：《关于韦力先生拍到的西夏文残经》，澎湃新闻《上海书评》2017年10月25日。

本为天顺七年（1463）刻本，首残。明代《嘉兴大藏经》和清代《卍续藏经》中有附在《佛说大藏正教血盆经》后面的《佛说寿生经》。[①]其他，如哈佛燕京藏朝鲜曹溪山松广寺万历四十六年（1618）刊本（TK1826\4124），上海图书馆藏清末宁波三宝经坊刻《慈悲寿生经忏》（索书号739486）也很有代表性，明清民间刊刻、抄写的《寿生经》还有不少，不能一一介绍。传世的道教受生经典有两种，都收在《正统道藏》中：《灵宝天尊说禄库受生经》《太上老君说五斗金章受生经》。[②]此外，黑水城文献编号TK108V抄写在《佛说阿弥陀经》背面的某种《禄库受生经》残叶，[③]是出土文献中的道教受生经典。

寿生经典情节叙事有标准“模板”，佛、道略有不同。下面介绍几种代表性的佛、道寿生经典，以略窥其内容从宋金时代直到晚清的增衍变化过程。

第一节　佛教寿生经典

这里介绍的第一种是黑水城文献A-32金代抄本《佛说

① 侯冲：《中国佛教仪式研究：以斋供仪式为中心》，上海古籍出版社，2018年，第396—399页。

② （明）《正统道藏》，第10册，新文丰出版公司，1977年。

③ 《俄藏黑水城文献》，第3册，上海古籍出版社，1996年，第18页。

寿生经》，佛教寿生经典以此为最早，其中寿生的各要素已经具备，但情节比较简单，叙述阿难向世尊提问：南赡部洲众生贵贱、贫富、寿夭不同，因何所致？世尊回答：南赡部洲众生受生来时，各于十二相属五等库下，借本命受生钱，是否偿还这些受生冥债，就是人生际遇不同的原因。“十二相属五等库下”就是指十二地支及每个地支下面所统属的五个干支编号的冥府库曹，比如子相属，下统甲子、丙子、戊子、庚子、壬子五种干支，其他地支以此类推，其实就是以六十甲子来编号的库曹。据寿生观念，投生时要向生年干支编号的库曹借贷寿生钱，各干支所借数量不同。这种寿生钱需要填还，烧纸钱偿还也要写明干支库号，不能混淆。穷人无力烧醮填还，还可通过诵《金刚经》折还寿生钱。念经折钱，后来的佛教《寿生经》版本就大多没有这个内容了。还寿生钱可免除十八种横灾。佛又宣说填还寿生的方法，烧醮之时要有疏凭，写明数量、所纳库号、曹官姓名等，收入库曹，疏牒为证。死后七七之前，烧纳钱疏牒，这个疏牒可与冥府从前的疏牒勘合，证明本人已经填还寿生冥债。后面附烧醮冥司寿生牒文书仪，每次仪式，照格式填写，便于实际操作。又附十二相属五等库六十甲子各个所欠寿生钱数，曹官姓名，便于查对。六十甲子生人欠寿生钱数及看经卷数文繁此处省略不录，可详见后面章节录文。

第二种是哈佛燕京藏朝鲜曹溪山松广寺万历四十六年（1618）刊本和国家图书馆藏明代刻本《连相寿生经》，这两种明代刻本可以作为有所发展的版本。其特点有：（1）配合插图，除经前扉画有世尊讲经图、佛前烧寿生图、诵《金刚经》折寿生图外，经文中六十甲子生人欠寿生钱数是以上图下文形式表现，十二相属均配以十二支神像，下列每支五等库所欠钱数、曹官姓名。上图下文，这种形式至少宋元时代已经出现，北京德宝古籍秋拍西夏文译本《佛说寿生经》残叶就是上图下文，这个西夏文译本应该是从一种汉文本翻译的。又如国家图书馆藏《连相寿生经》中“连相”一词，从字面意思理解，应该就是指这种带有十二支神插图，上图下文的版本。哈佛藏本后面还附有地狱图、十王图，表明寿生和十王预修之间的关系。寿生信仰本来就是从官府式地狱增衍出来的内容，这种关联在后来寿生经忏、宝卷中得到进一步加强。（2）加入唐僧取经情节，经题下附注“大唐三藏往西天求教，得诸经内有《寿生经》，传于世间，甚有益”，意思是这种经是唐僧西天取经带回来的。黑水城文献A-32金代抄本《佛说寿生经》尚无唐三藏取经情节，但这个时代“大唐三藏”的影响力正深入民间，俄藏编号为Инв.№2554的黑水城西夏文文献《大唐三藏卦本》，本来是敦煌遗书中就有的十二钱卜卦书。这个西夏文本特殊之处在于托名“大唐三藏”，意思是这是从西天求取而得，这和《寿生经》中加入的唐三藏情节想要表达的意思一样。[1]同时，卦书以“大唐三藏”为名，也说明求取真经的“大唐三藏”已经被神化，日益成为一种被民间广泛接受的虚拟起源论，用于解释诸如地名、经典等的来源。《寿生经》中唐三藏情节的加入应该就是这一趋势的产物，时代是在宋元之际。（3）强调还寿生钱的迫切性是由于冥府“库藏空闲”，赤字严重：“十二相属南瞻部洲生下为人，先于冥司下各借寿生钱，有注命官祇揖人道，现今库藏空闲，催南赡部洲众生交纳寿生钱”云云。经题下面还有小字夹注：“大唐三藏往西天求教，得诸经内有《寿生经》，传于世间，甚有益。”明代这种版本代表《寿生经》成熟定型的形式，后来流传的各种本子形式上都与之大致相同。

第三种为上海图书馆所藏《慈悲寿生经忏》，编写于晚清，宁波三宝经坊印制。这是与寿生斋会配合的寿生经忏科仪，其中有不少小字夹注为仪节提醒文字，如“主忏白云”“各人手捧香一炷，念《心经》一卷”等等。因为这个经忏文本阐述演绎道理的成分多一些，仪式的成分弱一些，

---

① 孙伯君：《从两种西夏文卦书看河西地区“大唐三藏”形象的神化和占卜与佛教的交融》，《民族研究》2016年第4期。

所以仍放在经典部分来讲。[1]通过仪式和文本进一步演绎寿生的内涵意悃，增添了天师在龙虎山壁鲁洞得异书《寿生经》的情节，将儒释道三教观念都圆融地阐发在经忏之中。经忏对寿生钱的由来、益处作进一步说明，寿生钱是向天、地、狱三曹所借“转生本钱”：“不论男女各有钱借贷以为转生本钱，以十二生肖为定，甲乙与丙丁有别，戊己与庚辛有殊，壬与癸有分。生有前后，钱有多少。”寿生钱的得名是由于还清了冥债，得佛所赐福、禄、寿：“乃知寿钱不欠，佛必赐之以福，佛必与之以禄，佛必保之以寿，故名寿生钱。福以还钱而护，禄以还钱而享，寿以还钱而长。”儒家所言人之性、命、道、教，其根本也被归结在寿生钱上：“虽天命之谓性，而性命于寿生钱也；率性之谓道，而道率于寿生钱也；修道之谓教，而教修于寿生钱也。何也？籍非借钱以寿生，性从何而赋？命从何而立？道从何而率？教从何而修？可知借钱而寿生，寿生而成人，成人而可以全性，即修道之谓教也。”道教五脏五行被吸收来对寿生进行解释：五脏六腑为何独心有经，原因是“五脏六腑以心

① 其实佛教寿生经典很多时候经文与科仪不可分，黑水城文献A-32就是一个科仪文本，《佛说寿生经》只是其中一个环节。寿生信仰和科仪结合非常紧密，诵经和仪式是一体的，所以无论抄本还是刻印的《寿生经》，基本都要附带一些仪式文本的内容，反之，刊刻、抄写的仪式文本也会附上经文。

为主”，心动的负面情绪怒、郁、隔、积引发肝、肺、肠、胃的滞碍，而心泰的正面情绪可以使心清肝气顺，心安肺气静，心坦肠气通，心喜胃气畅。心定五脏从，这如何与寿生联系呢？经忏借唐僧之口贯通义理：“众等虔诚寿生之钱，出于心而拜还，则寿生钱不负于心也，钱有心而纳，心纳钱而安，心寿两得，生世无故也。”[①]强调了寿生从心虔诚的道理，也说明了仪式中要念《心经》的原因。宋元寿生仪式是配合诵念《金刚经》，后来就已经简化为念《心经》。

以天、地、狱三曹配释、儒、道三教，分别解说，阐发寿生经义理，这是后出《慈悲寿生经忏》的特点。正因为后出，经忏还解释了寿生经结合十王等信仰的原因：除了天、地、狱三曹收纳外，还必须“通告十四王，十五如来佛号、六名山菩萨勾消判官簿账，方得脱离娑婆，故附在后，众等又宜虔诚供养拜佛”。其中冥府十四王是经忏在十王以外的扩充，加上了东嶽大帝、酆都大帝、[②]孟婆娘娘、地藏王菩萨，冥府的神灵无论佛道还是民间信仰都被尽量纳入这个经忏的祈拜体系。比如祈拜孟婆是为免喝孟婆汤：“十三殿中孟婆娘，九月十三降祯祥。欢喜规过心肠软，宽宏律

① 《慈悲寿生经忏》，上海图书馆藏清末宁波三宝经坊刻本。

② 本书“东嶽”“嶽府”“酆都”等专用名词不用简化字，以下不再一一说明。

法量无疆。今对佛前求解脱，免吃孟婆汤。南无佛阿弥陀佛。”在明代版本的寿生经中已经看到经后附有十王、地狱等图像，但经中没有解释原因，只是笼统知道寿生和十王都和预修有关。而经忏把其中逻辑讲得更明白，寿生钱除了三曹收纳外，还要通报十王、东嶽大帝、酆都大帝、十五如来、六名山菩萨销账、忏悔，才能最后生效。经忏通过扩充衍生，把各种冥府观念信仰统合到寿生中，并梳理出逻辑条理，后出的经忏文献实际起到了综合和系统化、条理化的作用。十五如来里面有雷公佛如来、三官佛如来、娘娘佛如来、祖师佛如来、龙王佛如来，都是道教信仰神祇加上佛的尊号。六名山菩萨是五台山文殊菩萨、峨眉山普贤菩萨、清凉山势至菩萨、铁围山地藏菩萨、琉璃山庄严菩萨、珞迦山观音菩萨。这和通行的四大名山菩萨不同，是经忏的创造，词调俚俗，便于唱诵，如“峨嵋山，湾又湾，普贤菩萨出此关。今对菩萨求忏悔，保佑众生寿如山。南无普贤菩萨摩诃萨”[①]。十四王是销冥账，十五如来、六名山菩萨是求忏悔，两者结合才能得到利益。融合三教，把烧纸钱还寿生和忏悔、礼拜结合，这些仪式的内在逻辑由经忏来解释，就是前面所说经忏的演绎、统合作用。

---

① 《慈悲寿生经忏》卷四，此本前三部分以上、中、下划分，此处又写卷四，上海图书馆藏清末宁波三宝经坊刻本。

第二节　道教受生经典

道教有两部《受生经》：《太上老君说五斗金章受生经》与《灵宝天尊说禄库受生经》。道教经典多用“受生”，不大用“寿生”。以下简略介绍两部经的内容：

《太上老君说五斗金章受生经》内容是说人生下土，命系上天，五斗注生，五方五老帝君各降下金章灵符、五行真气，混合化生为人。五斗星君、九天圣众等神祇据个人业力善恶决定福祸寿夭：“注生注禄，注富注贫，注长注短，注吉注凶，皆由众生，自作自受。”又言：当生之时，天曹地府愿许本命钱，以十天干配合五斗列受生钱数。如：“甲乙生人，命属东斗九气，为人受生之时，曾许本命银钱九万贯文；丙丁生人，命属南斗三气，为人受生之时，曾许本命银钱三万贯文……”[①]而醮还是按十二地支的库号来进行：“若有善信男女，种诸善根，善根不断，世世为人，当须醮送五本命钱，天曹地府各有明文，十二本命，十二库神。子生之人第一库中，辰生之人第二库中，申生之

① 此段十干配五斗（五行），本命钱数由五斗气数决定，如：甲乙属于东斗九气，许本命银钱为九万贯文。惟五斗五行配合的数字甲乙木东斗九、丙丁火南斗三、戊己土中斗十二、庚辛金西斗七、壬癸水北斗五。这种五行和数字的配搭与各种习惯的配搭都不同，不知其条理何在，此处就教于方家。

人第三库中，亥生之人第四库中，卯生之人第五库中，未生之人第六库中，寅生之人第七库中，午生之人第八库中，戌生之人第九库中，巳生之人第十库中，酉生之人第十一库中，丑生之人第十二库中。”十二库不是按先后顺序编号，而是按十二支三合来排列：第一库子、第二库辰、第三库申，子辰申三合水；第四库亥，第五库卯，第六库未，亥卯未三合木；其余以此类推。贫穷之人，无力醮还，可以请正一道士念诵《五斗金章宝经》，或自己诵经，念经折钱，一遍折一万贯。

《灵宝天尊说禄库受生经》内容为灵宝天尊在浮罗世界净明国土善积山中七宝树下宣说：十方众生“命属天曹，身系地府。当得人身之日，曾于地府所属冥司借贷禄库受生钱财”，若在世穷乏，皆因冥官“克阳禄填于阴债”。烧还禄库受生钱者，得三生为男子身，若负欠冥司受生钱财，在世不还，更相诳妄，死入地狱，万劫方生畜兽身。又称：投生之时，圣箭三只、神弓三张射宝树以占贵贱。解说世间人所属冥曹库号及所借受生钱数，列十二库官曹姓属及所欠受生钱、十二支所属元辰姓名及当还所许得人身钱数。这里的十二库、十二元辰均是按地支顺序排列。

（1）十二库官曹姓属及所欠受生钱：

子生人欠钱一万三千贯属第一库曹官姓李

丑生人欠钱二十八万贯属第二库曹官姓田

寅生人欠钱八万贯属第三库曹官姓雷

卯生人欠钱八万贯属第四库曹官姓柳

辰生人欠钱五万贯属第五库曹官姓袁

巳生人欠钱七万贯属第六库曹官姓纪

午生人欠钱二十六万贯属第七库曹官姓许

未生人欠钱十万贯属第八库曹官姓朱

申生人欠钱四万贯属第九库曹官姓车

酉生人欠钱五万贯属第十库曹官姓郑

戌生人欠钱二万五千贯属第十一库曹官姓成

亥生人欠钱九千贯属第十二库曹官姓亢

（2）十二支所属元辰姓名及当还所许得人身钱数：

子生人本命元辰刘文真当得人身许钱七千贯

丑生人本命元辰孟侠当得人身许钱九千贯

寅生人本命元辰钟元当得人身许钱六千贯

卯生人本命元辰郝元当得人身许钱一万贯

辰生人本命元辰李文亮当得人身许钱六千四百贯

巳生人本命元辰曹交当得人身许钱一千贯

午生人本命元辰张巳当得人身许钱九千贯

未生人本命元辰孙恭当得人身许钱四千贯

申生人本命元辰杜准当得人身许钱八千贯

酉生人本命元辰田交佑当得人身许钱五千贯

戌生人本命元辰崔渐进当得人身许钱五千贯

亥生人本命元辰王爽当得人身许钱六千贯

两部道教《受生经》都收入《正统道藏》中。《灵宝天尊说禄库受生经》中衍生出的神弓圣箭情节是佛教寿生经典没有的，对后世影响较大。姜守诚认为，《太上老君说五斗金章受生经》是由两部独立的经典拼凑而成，经文两个部分内容各以“尔时……”领起，各自基本上可以独立成篇，这是有见地的看法。这两部经产生的时代，前人有说是产生于唐代的，此绝无可能。寿生信仰都在五代宋初才出现，寿生经典绝不可能早于这个时间。[1]但也不可能太晚，元明以后的寿生经典一般不再提读经折钱，《太上老君说五斗金章受生经》还有此内容，而且是向天曹填还，这都是早期寿生信仰的特点。所以，把《太上老君说五斗金章受生经》产生的时代定在五代宋初，《灵宝天尊说禄库受生经》定在宋代，大致不错。

---

① 姜守诚：《佛道〈受生经〉的比较研究（上）》，《老子学刊》2017年第1期。

第三节　寿生仪式文本

经典落实到实践，必配仪式，记载仪式的著作就是科仪文本。道书中已经说寿生寄库仪式是后世所增入，起初很简单，只是随着时代发展，越来越复杂。在寿生寄库信仰实践基础上产生了寿生寄库科仪文本：这些文本或指导寿生寄库法会操作程序，或提供寿生寄库疏牒表文书写模板，或阐述寿生寄库的意悃内涵。

现存佛教寿生科仪以黑水城文献A-32金代抄本为最早，后来陆续发展出了为数众多的寿生科仪文本，如侯冲所收藏和介绍的《佛门请元辰、受生、开库》《佛说寿生科》《受生宝卷》《佛说寿生因果道场》《佛门生斋全集》《夯夫科》《填寄阴阳牒》《清库阴阳牒》《探库阴阳牒》等清代寿生科仪文本。[①]明代冰雪道人编撰的《雅俗通用释门疏式》汇集斋仪中牒文书仪的格式模板，其中和寿生相关的有《宗蕃还受生疏》《脚夫关》《寄库阴阳册籍式》《水引》等。

道教寿生科仪如元代林灵真编辑《灵宝领教济度金书》中所收《天曹寄库醮仪》，清代陈仲远校辑《广成仪制》中和

① 侯冲：《中国佛教仪式研究：以斋供仪式为中心》，上海古籍出版社，2018年。

寿生科仪相关的有《正奏金箓受生全集》《受生鸿斋迎库官全集》《受生填还全集》《祭享神吏夫丁集》，陈仲远的《雅宜集》也收有《预修请库官牒》《预修祭库官牒》《预修更换库官牒》，清代陈复烜重校的《灵宝文检》中有《阴阳牒》《合同文牒》《投库牒》《投库水引》《火册》《酬还笼面》《开库牒》《谢库牒》，陈复烜增补的《心香妙语》有《为母填还库财疏》。[①]以上都是道教寿生科仪文本。

笔者收集到一部清代刻本《三教太极填还》科仪文本，以三教为名，供养的三宝是儒释道，礼请的上界真仙以“大成至圣孔子文宣素王兴儒盛世天尊”领衔，依次亚圣孟子、徽国公元晦朱夫子、濂洛关闽诸大贤人等历代名儒皆礼敬恭请临坛。内中其实是道教正一玄皇坛文检，只是在请神节目上突出儒家圣贤，希望有三教合一的意味。有趣的是在礼请儒宝至尊文宣素王的上表中，把儒家士大夫对寿生寄库的怀疑也写进去：

---

① 蒋馥蓁对《广成仪制》《雅宜集》《灵宝文检》中的寿生仪式相关文检作了梳理。由于今本《广成仪制》可能有错漏，寿生文检散见其中，蒋馥蓁将其分别寻出，并结合科仪恢复这些文本的节目次序，见蒋氏著：《道教的“受生填还”仪式：以四川〈广成仪制〉为中心的考察》，《民俗曲艺》第194期，财团法人施合郑民俗文化基金会，2016年。《雅宜集》《灵宝文检》《心香妙语》收入成都青羊宫近年利用二仙庵刻板重刊的《广成仪制》中，常用的《藏外道书》所收《广成仪制》系从《道藏辑要》中影印，其中没有以上几种著作。关于清代陈复慧仲远、陈复烜含朴编撰道教科仪文书可参考尹志华：《清代道士陈复慧、陈复烜编纂、校勘的道教科仪书略述》，《中国道教》2010年第5期。

“来日负债冥司，理未足信；生时欠财鬼吏，事鲜定凭”，既然如此，何以要填还呢？表文又说：“修斋填还，亘古如斯；寄库偿给，于今为烈。但人只知其端故，奈世罕识其端。故玉匮传科，不留填还缺陷。”[①]意思是说从古到今人们都是这样做的，也没人知道原委，所以还是做了不留遗憾为好。表文的这种陈述和解释很符合上表对象的身份。而且，这部科仪不是按六十甲子而是按十殿、东嶽七十七司八十一案来还钱，这种变化背后实际是力图将寿生钱解释为亡魂办理投生的“手续费”，希望解释世人对寿生信仰中冥府敛财和没有借贷凭据的置疑。科仪经忏除了指导仪式以外，宣教也是一个重要目标，就是不断将教理教义讲得圆融。尤其是寿生这种重仪式的信仰，义理部分更需要在经忏科仪中来完成。寿生经忏中宣说的唐僧取经、唐皇入冥都是在解释寿生钱来源和合法性的问题。无论是西天佛祖处求来，还是唐皇还魂传出，都有传疑之嫌，可以对付愚夫愚妇，不能说服士大夫，这种“手续费”的解释倒是说出了些“道理”，比前两种说法进了一步，至少在逻辑上是自洽的。

不同门派都有自己的寿生科仪，所以传世的文本内容和程序各有差异。而门派内部师徒相承，对文本的传抄很严格，

---

① 《三教太极填还斋活表科仪》，《三教太极填还》，韦兵藏清刻本。

错漏字句都要校正，同一教派文本传承有稳定性。清李信成抄本《预修填还》中送库官状文一页空白处有小注：“状内补‘轩’‘竢’‘列’三字，恐字失落，特书于此。”这是因为在书本使用过程中，这几个字磨损脱漏，笔录者李信成又填补注明；同时，还对状文有音注：“‘笥’音‘四’，‘竢’音‘俟’。”抄本末尾有抄写人具名及请后人校正之跋语：“照本誊录人，姓李派信成。圈点如不清，祈君来改明。”[①]主斋人相信，误字错漏会导致法事不灵，因此对文本传抄继承很谨慎，这也保障了科仪文本的稳定性。科仪抄写人在卷末书写祈正谦辞是一种传统，跋语兼记年景、收成、物价等杂事，为此类抄本的一个特点。笔者所藏清代杨清泉（杨道人）抄写《投开库钱仪》卷末有一段跋语：“光绪十一年乙酉岁五月初七日在杨湾头抄写《开库钱文》乙本。恐字有白，明师添改。其年米价九百有零乙斗。杨清泉沐手敬书。”[②]跋文按惯例书写祈正谦辞，又记录了当年米价（图一）。

斋会科仪文检是应赴僧道、端公道士的谋生工具，只在师徒、父子或同门间传抄，一般不会把吃饭的衣钵传给外

① 《预修填还》，韦兵藏清李信成抄本。

② 《投开库钱仪》，韦兵藏清光绪十一年（1885）杨清泉抄本。曾于孔夫子旧书网见一明代万历二十八年（1600）抄本《禄库受生仪》，末尾题跋写有“斯年征杨应龙，天下大乱矣”。未曾亲自过手寓目，难断真伪，聊记于此，以广见闻。

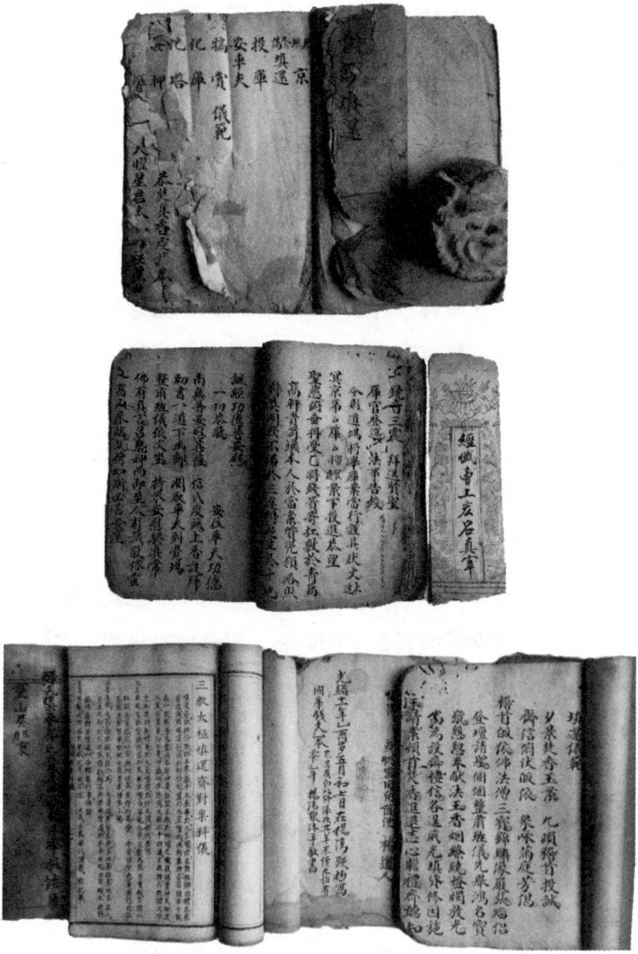

图一　寿生寄库科仪文书（韦兵收藏）

人，这是科仪文本抄本多刻本少的原因。同时，抄写可以确保流传范围不超出业内人士，让业外人接触不到这些仪式文本，这样就保持了仪式的神秘感，对执此业者的生意大有裨益。而普通人因这些科仪文书的枯燥冗杂，也没有阅读兴趣，而且世俗对科仪有一些偏见，蜀中谚语所谓“跟好人学好人，跟到端公学跳神”，意思是端公道士那一套不是啥正经职业，虽说开卷有益，也不会鼓励人去读这些科仪文书。这样，雕版印刷科仪文书，在业内业外都没有市场，所以没有人愿意干。至于前面提到雕版的《三教太极填还》，这是作者宣传三教合一，特别是把儒家先师加入填还科仪，他是希望移风易俗，传播这个新观念，所以雕版印制，以便广为流传，这是特例。

正因为一代代传抄，一些科仪文检虽然抄定的年代较晚，但其中包含了时代很早的内容。笔者曾收集到一本民国年间抄本《释氏集要存亡赍奏申格式》，此为康熙六十一年（1722）绍庆寺释德融所辑录的科仪文检，内中用词很有特点，比如“仍行三途六道九幽长夜酆都嶽府应干考较去处跟（根）刷前项亡者某……”[①]其中“跟（根）刷”一词是彻查、根治的意思，是宋代官府行文的常用语，元代已经不多

① 《酆都申》，（清）释德融辑录：《释氏集要存亡赍奏申格式》，韦兵藏民国抄本。

用，明清基本就不用这个词。康熙年间的僧人德融也是从一些古老传本中汇集这些文检成书，其中就保留了宋元时代留下的文检。科仪文本因其特殊性，以代代传承抄写而不是刻印的方式流传，又因为这些抄本不是放在书架上保存，而是要在仪式中翻阅使用，所以有损耗，一个本子经过一段时间使用就磨损报废了，需要不断抄配新的本子，这就是早期抄本少而晚清抄本多的原因。虽然抄本的时代较晚，但其中有些内容产生的年代可能很早。而且，科仪文本虽然随时代会有一些变化，但内在逻辑和基本结构很稳定，这也是本书用较晚科仪文本解读宋元遗存的原因。

寿生仪式就是在这些仪式文本指导下进行，明清以来，其仪式环节纷杂，叙述起来比较混乱，其实扼要地说，其中节目可以分为“共法”和“不共法”两种。共法是指和其他仪式一样都要举行的节目，如结界、立幡、建坛、鸣鼓、步虚、拜忏、存念、请神、礼圣、诵经等等，共法是通过这一系列仪式建立斋坛神圣空间，上章表明此次斋坛建立目的，虔诚存念祈请诸神降临斋坛证盟；不共法是寿生仪式中具有特殊性的节目，这是操作寿生仪式的关键，其特点是要配合大量文检，以

下略叙此不共法：[1]

（1）启语正奏：向天曹地府、五老天尊等申明斋主寄库寿生填还预修事由。文检用《受生疏》（《雅俗通用释门疏式》）、《正奏金箓受生全集》（《广成仪制》）、《三教太极填还斋活表科仪》（韦兵藏清刻本《三教太极填还》）。

（2）迎请库官：酒礼三献，迎请六十位受生院库曹官临坛；依据法本不同，也有的迎请嶽府七十七司八十一案判官。文检用《受生鸿斋迎库官全集》（《广成仪制》）、《请曹官科范》（侯冲藏清代抄本《佛门生斋全集》）。

（3）宣牒对案：缔结寿生寄库阴阳合同文牒，朗声宣读，陈述填还预修的要旨。宣牒是通明三界填还预修仪式的成立，文检用《寄库阴阳册籍式》（《雅俗通用释门疏式》）、《受

---

① 对寿生科仪的研究可参考徐宏图、项铨：《浙江省缙云县船埠头村寄库仪式》，《民俗曲艺》第100期，财团法人施合郑民俗文化基金会，1996年；杨剑：《酬还冥间借贷和预送冥银入寄库的填还预修仪式》，《民俗曲艺》第126期，财团法人施合郑民俗文化基金会，2000年；蒋馥蓁：《道教的"受生填还"仪式：以四川〈广成仪制〉为中心的考察》，《民俗曲艺》第194期，财团法人施合郑民俗文化基金会，2016年；姜守诚：《道教寄库醮仪考释》，《世界宗教研究》2019年第4期。杨剑的研究以田野观察为主，描述了现代重庆地区民间寿生仪式，姜守诚研究了《道藏》中林灵真编撰《灵宝领教济度金书》所载寿生科仪，蒋馥蓁结合田野调查研究了清代四川地区流行的《广成仪制》《灵宝文检》等文献中的寿生科仪。寿生科仪虽然大同小异，但因流派不同，程序安排和文检使用还是有所差异，而传世文献中记录的科仪和文检一般都有缺漏，所以文献和田野调查结合才能理解这些程序，才能把零散的传世文检复原到所在的科仪节目位置。

生填还全集》（《广成仪制》）、《阴阳牒》、《合同文牒》（《灵宝文检》）、《安库疏》、《受生库贴尾》、《填还簧封皮》、《填还寄库钱杠引》（韦兵藏民国嬴世万抄本《佛门填还寄库定制集》）。对案是“将填还笼箱，钤封恰好。俟对案时，各司该若干数，逐一亲点，凭元皇与各部神员证盟呈缴”，即在玄皇帝君等仙真神员证盟，阴阳证验，账目清楚，宿欠勾销。主斋人要冥想帝君从天而降，端坐坛台，周遭屋宇变化为桂香宝殿，帝君“欣然喜色，与信民证鉴填还”[①]。每一步还要配合打卦，伺察神意。宣牒后，将牒文铺开，斋主、主斋人、凿钱人、香灯师、办供师等依次佛前秉笔签押。

（4）酬谢力伕：酒礼、赏钱酬谢运送冥财的车夫力士。文检用《脚夫关》（《雅俗通用释门疏式》）、《祭享神吏夫丁集》（《广成仪制》）、《投库水引》、《火册》（《灵宝文检》）、《佛门填还预修请车夫科范》（侯冲藏清代抄本《佛门生斋全集》）、《夯夫科》（侯冲藏民国抄本）、《阴阳祭赏车夫科》（韦兵藏清抄本）。

（5）焚箦叮嘱：纸钱在箱笼中装好，运送户外焚化。同时，叮嘱车夫力士注意事项。文检用《化库仪范》、《化塔仪范》（韦兵藏清李信成抄本《预修填还》）。

---

① 《三教太极填还斋对案科仪》，《三教太极填还》，韦兵藏清刻本。

这五个程序是寿生科仪具有独特性的节目，每一步都要配合相应文检，而各类文检在一个虚拟的仪式空间按程序运行，建构出寿生仪式的神圣意义（见图二）。向最高地位的佛或玄元皇帝上书用“疏”，佛或玄元皇帝发下的指令用“敕”，斋坛得到“佛敕”授权，才能沟通幽冥，上下行用文书；[①]填还有两个方向，一个是向地下冥府填还，另一个是向上面天曹填还，所谓“天冥两纳，上下均铺”[②]向十王、东獄北斗上级行文用“申”，向十王、东嶽下属衙司等行文用“牒”；向城隍行文用“关”。这些都大致符合宋代以来的文书运行规范，但也是取象征的意味为多。比较有趣的是：“关”是在相同长官官署内不同部门间行用，斋坛对城隍用“关”，可以看出在主斋僧道观念中，斋坛地位和城隍是同一级的。传世文检一般都是散篇收入，参照这五个程序，可以把这些零散的文检归入正确的节目位置，更好地理解这些文本的仪式内涵。笔者所藏清抄本《预修填还》，将仪范分为天地京、阴阳填还、投库、安车夫、犒赏、化库、化塔、签押、开库九个部分，除开库是斋

① 大足石壁寺宋嘉定三年（1210）修设水陆法会的水陆碑，碑额正中竖刻“佛敕”二字，意即得到佛自上而下的敕旨，碑文称：“□冒圣聪，乞垂悯察。辄将诚恳，上奏天曹门下，投向地水二司。解释元由，乞垂判赦。无任惶惧之至，再拜谨奏”，这与后代斋醮仪式文本中乞佛垂慈降敕一样，都是为了增加斋坛的神圣性和权威性。（见侯冲：《水陆碑研究》，《艺术史研究》，第16辑，中山大学出版社，2014年，第214—215页。）

② 嬴世万（辑）：《佛门填还寄库定制集》，韦兵藏1922年嬴世万抄本。

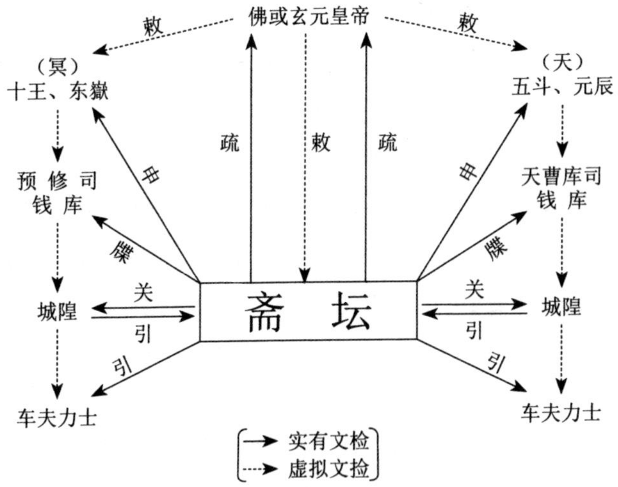

图二　寿生斋坛文检运行示意图

主死后进行，其他八个部分基本可归入上述五个程序。

有的填还仪式在烧寄冥财的同时，还要烧寄符箓，凭借符箓可以授职，就是说对身后事的考虑只有冥财还不够，还得在冥司中谋个一官半职，这就要烧寄符箓。这种符箓实际是受戒箓，就是颁给入道的凭证——职券牒文，以证其所得之法职。有了戒箓就具有授仙官的资格。阳符交斋主保存，称为佩符受戒，可保长生延寿；阴符焚化，寄存东獄预修功德较量司，作为身后脱离阴司罪罚，速登仙阶的凭证：“收贮架阁标明，候在预修信人、受箓弟子百年身后，躬亲诣攸司参考合同，请福受用；领受原箓进陛仙阶。”[①]只有钱财是不够的，升官发财从来是相携而行，冥间也不例外。

仪式最后就是交付牒箓，将填还依据的阳牒和受箓凭证的箓券交给斋主收藏。斋主去世后，需要延请僧道举行开库仪式，发牒祈求冥府开钱库核对牒文，给付亡魂原寄冥财：“详投三府，牒遍诸司”，“请曹官库司，一体好生，广施恻隐，大开宝库，阅历前因。亡人执兹原日修斋阳凭，以对阴牒，本命、字号、半印、合同纤毫无差。伏祈关出受生钱笼”。[②]同时，焚化阳牒装在死者身上，表示持此阳牒至冥府勘对合同。清代四川酉阳地区的风俗：“扶尸坐于堂，僧道对之，以锅烧红焙焦阳合同，缝入小布囊，系死者衣襟上，言带赴地下，于库官处以合同校对，则可收取库钱也。”[③]近年，江阴市叶家宕周溥墓、上海嘉定区李新斋夫妇合葬墓、太仓市黄元会夫妇合葬墓都出土了与寿生相关的文物。这几个江南地区明代墓葬出土的文物为我们了解当时的寿生仪式提供了重要证据，任江

---

① 《东嶽申（预修阅箓通用）》，（清）释德融辑录：《释氏集要存亡赍奏申格式》，韦兵藏民国抄本。

② 《开库仪范》，《预修填还》，韦兵藏清李信成抄本。

③ 《增修酉阳直隶州志》（同治）卷十九，《中国地方志集成·四川府县志辑》，第48册，巴蜀书社，1992年，第765—766页。

对这几件文物做了专门研究。[①]上海嘉定区万历八年（1580）李新斋夫妇合葬墓出土一件纸质受生牒：封面上写“预修帮库文牒”，推测“帮库”的说法可能出自《寿生经》冥府“库藏空闲”，就是说众生不还寿生钱，冥府寿生钱库“亏空”，还寿生就是帮助充实府库，所以叫“帮库”。右下有“给付生身受度信女程氏收执”，可见牒文主人是李新斋夫人程氏。“生身受度”说明斋会的性质是给活人做的生斋，科仪中常说“生身受度，死魂受炼”，前者指给活人做的生斋，后者是替死者做的亡斋。内有文字“庚年五十岁本命戊子宫，七月十九日卯时建。嘉靖三十九年十一月十八日，在家启建正一预修寄库道场，凭仙经堂道士沈永忠出给预修寄库受生文牒一道”，“万历五年九月□日，积功成胜天尊，正一教道士沈永忠率领玄众一坛，恭就本县依仁乡十二都□□都土地界花园山居启建灵宝”。[②]《太上老君说五斗金章受生经》中说还寿生要请“正一道士”于宫观或家庭中诵经主持仪式，程氏受生牒文中

① 高振威、周利宁：《江苏江阴叶家宕明墓发掘简报》，《文物》2009年第8期；吴聿明：《苏州太仓县明黄元会夫妇合葬墓》，《考古》1987年第3期；黄翔：《上海嘉定区李新斋家族墓发掘简报》，《上海文博论丛》2011年第2期；任江：《江南地区明墓出土受生牒研究》，《东南文化》2019年第6期。

② 黄翔：《上海嘉定区李新斋家族墓发掘简报》，《上海文博论丛》2011年第2期。很遗憾，不知何故，整理者未将这件寿生文书的内文完整公布，不然我们可以获知更多明代寿生仪式的信息。

指出嘉靖三十九年（1560）举办的仪式正是“正一预修寄库道场”，主持者是“正一教道士沈永忠”。明代把道士分为全真和正一两种，全真的内涵外延及传承脉络相对比较清楚，而全真以外的所有道派都被归为正一道士，所以正一道士的情况就很复杂，既有出家的，也有在家的，但注重仪式是正一派的共同特点。正一道士沈永忠为斋主程氏所主持寄库法事当然就名为“正一预修寄库道场”。举办道场就要先结坛，万历五年的斋坛是“灵宝坛”。斋醮要上章请上仙临坛，出牒文招遣阴吏，道士也是凡人，凭什么有资格给真仙鬼神上章发文呢？原因是道士受箓后取得上章天界的资格，通过结界、奏请等，祈求天界众神临坛，斋坛转化为一个可以沟通人神阴阳的神圣空间，所发牒文关凭都是道士得到上界仙真“授权”和“背书”的，所以可以发遣幽冥。牒文中“积功成胜天尊”为科仪节目之一——举天尊，即举赞天尊之尊号，不同仪式，所举的天尊尊号也不同，积功成胜天尊为寿生仪式所举赞的天尊尊号，这在清代《广成科仪》所载《受生鸿斋迎库官全集》中还能得到印证。仙经堂道士沈永忠为斋主做的法事名为“正一预修寄库道场”，为完成法事建立的斋坛名为“灵宝斋坛”，先建立斋坛才能做法事。道门中有“天下科仪出灵宝”的说法，很多后起的科仪都是托名在灵宝名下，正一派的斋醮也有以“正一灵宝”命名者。

阴牒随纸钱焚化，阳牒由斋主收执，死后焚化入葬。崇祯十二年（1639）黄元会夫妇合葬墓出土受生牒封套一件，黄皮纸上墨书“给付诰封恭人徐氏随身受生文牒一道，收执为照”，可见文牒主人是黄元会夫人徐氏。套内装有空白宣纸包叠的纸张灰烬，这就是焚化的阳牒，随墓主人一起入葬。[①]江阴市叶家宕明代早期周溥墓，有黄纸行书书写的《衣物疏》，开具随葬物品清单，疏文中有“香袋一个，内有信香十六块，受生牒二道”的记录。墓中有黄纸，折成袋状，上书“存日答还受生阳牒二道，计还受生钱二遍，酬答上项原借冥钱。伏望冥官照鉴，庶无沉滞，判亡魂生方净界者”，内有灰黑色纸灰，为《衣物疏》所记二道受生牒焚化后的残迹。[②]上述周溥、黄元会夫妇合葬墓出土的文字都还不是寿生牒，而是装寿生阳牒焚化灰烬的封套，李新斋夫妇合葬墓出土的寿生文字由于刊布信息不完整，不能确定是否也是封套。

上面介绍的是标准寿生填还，其他还有一些衍生形态，比如专门为小孩举行的填还。如果小孩病弱不好带，就要给他专门做填还，不过填还的对象不是冥司钱库，而是小孩的前世父母：“奉神填还前世之债主，受生之经文，在三天门外，设

---

① 吴聿明：《苏州太仓县明黄元会夫妇合葬墓》，《考古》1987年第3期。

② 高振威、周利宁：《江苏江阴叶家宕明墓发掘简报》，《文物》2009年第8期。

供牲牢酒醴，礼请前世父母之灵魂，桥头溪头之神君”，“陈设鲜花△枝、布帛△丈、财钱△贯、经文△卷酹还前世之债愆”，三献酒礼，讽诵《受生经》，“欠前缘，前缘该欠前世父母钱△多贯，仗道今日还给你，长命富贵寿百年。欠前生，前生欠了前生父母花△枝未还，来仗侣今日交还”。这个仪式很有特点的地方就是在填还完毕后要举行鸡祭：杀一只“替命鸡”，代替小孩来挡灾煞，“此鸡不是非凡鸡，幽冥两隔要你知。吾今将你何处用，填还前世替命鸡。一切关煞要你挡，冤家债主你承当”①。这种填还已经和民间巫术融合。

还有一种出土的花钱也和寿生有关，钱币收藏界称为“寿生钱”“库生钱”“纳库”，洛阳北宋墓葬曾出土这种寿生钱：“所出压胜钱圆形，圆穿。面饰一星官形象，脚踏祥云，面前饰一卧羊，背有文字，从正下方顺时针旋读‘未生人钱十万贯合纳第六库’，共十二字，均置于方格内。钱径2.7，穿径0.6，厚0.15厘米，重6.9克”②；类似纳库钱数见于收藏界的报道，有“巳生人钱七万贯纳第十一库”“申生人钱四万贯合纳第三库”③；笔者之友藏有一枚纳库钱，因得以亲见过手：

---

① 《填还来生科》，民间秘传古旧书店藏清同治十二年抄本。

② 程永建：《洛阳宋金墓葬出土的几种压胜钱》，《中国钱币》1996年第1期。

③ 郭若愚：《古代吉祥钱图像赏析》，上海教育出版社，2000年；孙仲汇：《宋代寿生会钱》，《江苏钱币》2009年第3期。

铁质，钱径2.7厘米，穿径0.7厘米，正面已模糊，背书“卯生人钱八万贯合纳第六库”。这种钱的共同特点是圆穿，前有生肖、星官图像，后有十二支纳钱数及库号，文字于界格中书写。质地有铜质，也有铁质；工艺有的精美，有的粗糙。除上引洛阳出土的那一件是通过规范发掘，有考古学依据的年代信息，其他都是流转于收藏界，真伪难辨。而且，传世的历代寿生科仪文书都没有提到这种纳库钱如何使用，从洛阳宋墓出土那件寿生钱看，最大可能还是用于随葬的冥钱。

总之，宋以后寿生仪式发展的趋势有以下几点，因为后文会有一些分析，此处略微表出：

（1）由简到繁，由套用其他仪式的节目到发展出自己独特的节目，即“不共法”部分；

（2）佛道二教的寿生仪式明清以来基本合流，节目形式大同小异；

（3）随着寿生信仰影响力的扩大，寿生仪式后来融入了其他仪式之中，许多科仪都在其中安排了寿生寄库的环节。

第四节　寿生起源臆说

寿生信仰的起源迄今仍然是无法说清的问题，但有一些问题可以提出来思考。寿生信仰包含的诸多观念要素可以追溯到唐末五代甚至更早，我们虽不能确指其产生的具体时间、地点和渊源，但可以追寻和这种信仰有关的观念要素在那个时代的流行。

（1）寿生与道教“筹算定数”说

寿生与道教“筹算定数”说关系密切。“筹算定数”是道教的传统观念，认为人生由定数决定，有神明管理主宰世人寿夭穷通的筹算，为善增算，长寿富贵；为恶减算，算尽人亡。早期道教经典即有这种观念，《太平经》：“天遣神往记之，过无大小，天皆知之。簿疏善恶之籍，岁日月拘校，前后除算减年，其恶不止，便见鬼门。”[①]葛洪《抱朴子·微旨》：“天地有司过之神，随人所犯轻重，以夺其算，算减则人贫耗疾病，屡逢忧患，算尽则人死。”这种观念甚至可以上溯到《墨子》所说的“鬼察鬼罚”。可见筹算说是中国固有的一种信仰，对中国的文化心理有很大的塑造作用。寿生寄库观念与“筹算定数”说相关，同样是神明的监督照察，但内容有了变化，定数被具体化为冥财，抽象的定数可以形象地以冥财的增减计算来体现。《佛说寿生经》认为人在冥府借了本命受生钱才能投胎为人，故世人皆应偿还冥府的受生钱，还清冥债后可得富贵长寿，若不还则有十八种横灾。还清后还可以继续烧钱

① 王明编：《太平经合校》（下），中华书局，1960年，第526页。

纸存在冥府钱库中，以备死后享用。寿生的关键点在于将纷繁的善恶约化为冥钱的收入支出，这样善恶筹算加减一变而为阴间冥财的欠负与偿还，是筹算说颇具“现代性”的一种衍生形态。然而，其中道德化超自然的筹算决定命运生死，冥冥中有神明主宰算计、簿记分明的观念却是一脉相承的。

（2）预修冥福

寿生寄库钱明显有预修观念在其中，侯冲将其归于“预修斋供”的一种。预修可能源于《阎罗王受记经》《十王经》的“预修生七”观念，《地藏菩萨本愿经》称：“在七七日内，念念之间，望诸骨肉眷属与造福力救拔。过是日后，随业受报。”故人死后亲人要为其作七七斋，“为修营斋，资助道业”，但其功德“是命终之人，七分获一”。“预修”也叫逆修，就是说在世之人就要作此斋，预修生七，以资冥福。《阎罗王授记经》述及预修十王七斋之功德，胜于死后七七斋，七分功德可以尽得。[①]预修生七的观念可以自然导出在世时要烧醮纸钱，预存冥财，以利身后的寿生寄库观念。在福建新发现的一组宋代民间佛教文书中，与寿生会文牒《明道二年（1033）福建路建阳县普光院众结寿生第三会劝首弟子施仁永

① 预修斋及预修类经典对寿生寄库的影响参考侯冲：《中国佛教仪式研究：以斋供仪式为中心》，上海古籍出版社，2018年；十王信仰及预修生七可参考张总：《地藏信仰研究》，宗教文化出版社，2003年。

斋牒》一起的还有预修生七的《皇祐五年（1053）福建路建阳县施仁永预修生七牒》，属于同一信众施仁永，他既劝结寿生，也逆修生七，显示二者间关系密切。[①]

和预修有关的敦煌遗书S.2568《地藏菩萨十斋日》，内容是在十个斋日下界的神佛名号、应当念诵的佛号以及所除罪劫，如“十八日，阎罗王下，念观世音菩萨，不堕剑树地狱，持斋除罪

① 据方广锠先生介绍：“本组文书是皇祐五年（1053）施仁永为自己举办预修生七法事的阳牒，现存一七、二七、六七、七七、周年五份，每纸背后亦有半行骑缝签押，其中四份作《皇祐伍年癸巳十一月二十日预修生弟子施仁永合同文字》，一份作《皇祐伍年癸巳十一月二十日预修生七会弟子施仁永合同□会文字》。”据这组文书，我们可以得到几点启发：一、当时预修生七斋中诵念的佛经组合是：“礼梁武忏法全部十卷、转到《地藏本愿经》全部三卷、转到《金光明经》全部四卷、转到《十王拔罪经》全部十卷、转到《金刚般若经》一卷三遍、转到《观音经》一卷三遍。”从中可以了解当时的生七斋科仪的一些情况，和敦煌文书可以互证，如组合中有《金光明经》，敦煌文书散372，正面是《金光明最胜王经卷第一》，卷背面是《地藏菩萨本愿经·分身集会品第二》（王重民：《敦煌遗书总目索引》，中华书局，1983年，第6页）；《观音经》或即《观世音菩萨普门品》，敦煌遗书P.3932、S.5531等地藏类经典也和《普门品》抄在一起。它们写在一起或是因为当时斋醮科仪有此组合，佛教感应事迹中《金光明经》出现地藏主题，而图像中常有观音、地藏并现，或可从中结合科仪得到解答。二、其中标明有《地藏本愿经》经名，其明确年代为1053年，证明北宋初中叶，此经已经在民间流行。联系到敦煌遗书中俄藏665、北图231、散372等三个残卷和S.431一个经尾（张总：《地藏信仰研究》，宗教文化出版社，2003年，第96—98页），吕澂先生认为此经明初始得流行就不对了。三、《地藏本愿经》题唐于阗国三藏沙门、实叉难陀所译，各藏经本皆分上下两卷，此文书题“《地藏本愿经》全部三卷”，与藏本不符，倒是西夏译本的《地藏菩萨本愿经》是上中下三卷（史金波：《敦煌莫高窟北区出土西夏文文献初探》，《敦煌研究》2000年第3期），与此正相符合。

九十劫”，这与黑水城文献A-32《佛说寿生经》后附《告冥司许欠往生钱折看经品目牒》属于同一类东西。《告冥司许欠往生钱折看经品目牒》详述六十甲子生人各欠冥司钱数、应当看经折钱的卷数、所纳冥司库号及曹官姓名，如“己丑，欠钱八万贯，看经二十五卷，纳第七库，曹官姓周”。此外，预修经典《阎罗王受记经》注重《金刚经》，而黑水城文献A-32《佛说寿生经》也有这种观念：“贫穷之人，无钱还纳，已转《金刚经》亦令折还钱数。”又《告冥司许欠往生钱折看经品目牒》：“当生年于冥司本命库中许欠注生钱数，今得为人，不昧忠心，用伸醮还，《金刚经》一卷折钱三千贯。”欠冥司注生钱可烧纸钱还债，若贫穷之人，也可以念诵佛经抵债。据此，前文“看经”就是指讽诵《金刚经》。《夷坚志》有类似故事：宗室善文向神庙借钱，十年后梦神讨债，许以纸钱，不许，沉思良久，神曰：“必无现钱归，但颂《金刚经》，每卷可折一十，他无以为也”，觉后斋戒取经讽诵，得二百过，默祷以谢，后不复梦。[①]以诵经可抵鬼神冥债是当时一种流行观念。

（3）纸钱焚烧还冥债

以焚烧纸钱的方式还冥债是寿生信仰一个很关键的内容，杜光庭《道教灵验记》有一段记述可以了解当时这种和寿生有

① （宋）洪迈撰，何卓点校：《夷坚志》，甲志第五，《赵善文》，第1册，中华书局，2006年，第43页。

关的风俗情况：

成都张郃妻死三年，忽还家下，语曰："圣驾在蜀之时，西川进军，在兴平定国寨以讨黄巢。其时邻家冯老人父子二人差赴军前，去时留寄物，直三十千，在其处。冯父子殁阵不回，物已寻破用却。近忽于冥中论理，某被追魂魄对会，经今六年。近奉天曹断下云：'自是殁阵不归，非关巨蠹，故用令赔钱三千贯即得解免。'缘腊月二十五日已后，百司交替，又须停驻经年，其钱须是二十五日已前，就玉局化北帝院天曹库中送纳。一张纸作一贯，其余库子、门司、本案一一别送，与人间无异。"光化三年腊月二十三日，就北帝院奏前件钱讫。是夕，妻梦中告谢而去。又成都县押司录事姓冯，死已十余年。其侄为冥司误追到县。冯怒，所追吏放其侄。自县后门仓院路而还，见路两畔有舍六十余间，云是天曹库，收贮玉局化所奏钱。又邛州临邛人姓张，其夫曾事永平军事副使张霖郎中。身殁之后，县司差其子为里正，已被追禁。其夫下语于妻，令入府，将状投副使郎中，必得免："到府日，先就玉局化北帝院奏北斗钱二百千。我于天曹计会，必令判下免之。二百千钱，二百纸耳。”妻如其言，就化奏钱，复梦其夫云：“事已行矣。”明日见副使，果允其诉。则知纸钱所用，事甚昭然矣。冥中之事，与世无异矣。[①]

这段材料，各家研究者都有征引，而理解不同，有的认为和寿生有关，有的认为无关。笔者认为这段材料主要还是讲冥讼冤债，虽然没有明确提到烧纸钱填还投胎所借冥钱，但有些地方和寿生的核心理念是相通的。首先是冥钱还债的观念，幽冥冤债是中国传统观念，从先秦时代已经具有，不同时代冤债偿还的方式不同，除仪式禳解之外，比较特殊的，比如用造像功德以还冤债，端方所藏隋皇甫凤详造像：“语多不可解，《藏石记》云：其意似得非分之钱，儿遘病时卜问，公师以为不详。乃造像为钱主邀福云。”[②]纸钱还冤债是中古以后的新现象，应该是晚唐五代开始逐渐流行。文中“就玉局化北帝院天曹库中送纳。一张纸作一贯”“二百千钱，二百纸耳”，这种一张纸作一贯的就是纸钱。中古流行的大量灵验记中，酬谢鬼神的方式都是许若干卷经，诵经还愿，后来才出现了烧纸钱

---

① （五代）杜光庭：《张郃奏天曹钱验（邛州成都奏钱事附）》，《道教灵验记》，卷十五，《杜光庭记传十种辑校》（上册），中华书局，2013年，第300—301页。标点有调整。

② 柯昌泗：《语石异同评》，卷五，中华书局，1994年，第319页。

酬还的新方式，《寿生经》中强调烧纸钱和诵经并重就是调和折中新旧，从中也可看出新旧两种方式的衔接共存。其次是烧钱的地点和接受对象，都是在宫观中烧给天曹，称为“北斗钱”，烧奏的接受对象都是天曹，而且在《道教灵验记》中此条放在“斋醮拜章灵验”类别中，说明烧奏纸钱在当时已经是斋醮拜章的一个重要环节。寿生仪式最初可能就是与此类似，烧奏于天曹，而不是烧奏于地府。再次，烧奏纸钱还要特别注明“一张纸作一贯”，看来是自己买纸来做，制造纸钱成为一种行业以后，店铺出售成品，这个根本无需说明。这就说明当时纸钱还没有流行到家喻户晓的程度，每张纸作一贯也还没有成为约定俗成的标准。纸钱还冥债在寿生起源中是关键要素，李志诚认为：“受生钱信仰很有可能是唐代民间烧化纸钱予冥吏的变型。”①

（4）掠剩神与身后冥财

掠剩神信仰中死后享用冥财的观念也有寿生寄库的影子。掠剩神最早见于唐牛僧孺《玄怪录》：新平县尉裴璞死后为阴官“陇右三川掠剩使”。唐代掠剩神是筹算定数观念下的一种神祇信仰，这也是寿生观念的基础之一。宋元时代的《灵宝领教济度金书》所载寿生科仪请神中有天曹掌籍掌算真君、

① 李志诚：《宋元时期佛教与道教预修仪式研究》，香港中文大学博士论文，2019年，第56页。

天曹掠剩大夫，正反映寿生信仰和此神有关。宋代掠剩神信仰有了新内涵，产生了生前烧纸钱贿赂掠剩神，死后享用羡财的说法。据宋初王禹偁记述，邻人祭祀掠剩神，此神“掠民之羡财，籍数于冥府，备人之没，将得用矣”[①]。刘长东推测此神“掠人阳间剩财，在原主死后即还之，以使原主在冥间继续享用”，这就与寄库信仰有关。[②]唐宋掠剩神的观念有细微变化，唐代此神的执掌为“生人一饮一啄，无非前定，况财宝乎？阴司所籍，其获有限，获而逾籍，阴吏状来，乃掠之也”[③]，强调的是人生福禄筹算有定数，过其数则被掠，没有说到被掠羡财放在何处、如何使用的问题。因为唐代的掠剩神只是强调定数观念，情节是突出掠羡财，没有必要关心羡财的下落。宋代这种信仰有了新发展，情节上才有被掠羡财“籍数于冥府，备人之没，将得用矣”，添加了死后享用冥财的新内容。

值得注意的是王禹偁记录的掠剩神祭祀所烧纸钱还不是预存，而是通过贿神，以讨回被掠羡财，在阴间享用。没有以

---

① （宋）王禹偁：《诅掠剩神文》，《小畜外集》，四库丛刊初编本。

② 刘长东：《论民间神灵信仰的传播与接受——以掠剩神信仰为例》，《四川大学学报（哲学社会科学版）》2007年第4期。该文对寄库受生与掠剩神信仰的关系作了论述，指出两者间的联系，论及寄库钱与预修观念、寿生寄库信仰与唐宋民间金融活动等问题，对探讨寿生寄库观念的起源很有启发意义。

③ （唐）牛僧孺撰，程毅中点校：《玄怪录》，卷九，《掠剩使》，中华书局，2008年，第98页。

填还、预存为目的的烧纸钱，就不是寿生寄库。不过，被掠的羡财放在冥府，也算是一种被动的贮存，寄库只是把被动的贮存变为主动的预存，寿生和掠剩神的共同点除了定数观念外，冥吏执掌、冥府贮存这两点也应该算。笔者认为这两种信仰各自有其独立起源，寿生略晚，在发展中二者共享、交换了一些观念要素。王禹偁所记这段经常被用来证明是寿生起源的材料，其实反映的只是掠剩神受到兴起不久但迅速流行的寿生寄库信仰影响而已，最多只能算是一种关于寿生起源时期的旁证材料。由于关于寿生较早的材料就与掠剩神关联，所以也放在这里讨论。死后享用被掠羡财的观念，是掠剩神信仰在宋代新衍生出来的内容，推测应该是受到了当时正流行的寿生寄库观念的影响。这种身后享用冥财的观念背后其实是整个地狱观念的变化，唐代因系酷刑式的地狱，冥财于其中何用？晚唐五代以来，人们观念中的地狱逐渐“日常化”，地狱从酷刑监牢的形象之中又滋生出日常的一面，鬼魂可以在其中过着阳间一样的生活，有当官的、做买卖的，也有婚姻（冥婚）、诉讼（冥讼），甚至修房子钱不够，还要到阳间来借。[①]只有这种日常化的地狱存在，冥财在阴间才有用，人们才会有预存寄库的想法。这种地狱日常化的趋势宋元以后更加明显，当然日常式地

---

① （宋）洪迈撰，何卓点校：《夷坚志》，支甲卷四，《项明妻》，第2册，中华书局，2006年，第739页。

狱并未取代酷刑式地狱，二者并存，总的说来，酷刑式地狱还是主流。但毕竟地狱日常化的一面对人们观念影响巨大，这样才会有身后冥财预存，死后享用的寿生寄库仪式的流行。

虽然焚钱还债、预修冥福、身后冥财以及“筹算说”这些寿生包含了的观念要素在五代宋初已经存在，但寿生的关键要素——借贷投生和契约填还，还没有发现更早期的材料。现在能看到的最早材料就是北宋明道二年（1033）福建路建阳县施仁永寿生斋牒，这种完全成熟的寿生文书，不可能是产生阶段的文献。寿生信仰早期产生、中间定型的史料有缺失。我们只能推测，以上这些观念在十一世纪前后汇聚融合在一起，产生了借冥债投生、烧纸钱还冥债的寿生信仰。因为早期材料都是关于寿生的，寄库可能是从寿生衍生出来的，所以时代还要略晚。

寿生信仰起源于佛教还是道教，这个问题诸家观点分歧较大。笔者认为，从寿生信仰的诸核心要素看，与道教及民间信仰的关系较为密切。寿生内涵中的数字筹算观念、纸钱风俗、冥府钱库、牒文科仪都和道教关系密切一些，而不是纯正佛教的东西。并且道教寿生经典的原始性也更强一些，比如，道教寿生欠钱数量以道藏中两部《受生经》为代表，一般以十天干或十二地支为标准划分，这是简单形态；而佛教以六十甲子为标准划分欠钱数量，这是复杂形态。从发生学原理上讲，简单形态应该在前。而且，从批评寿生信仰的人来看，以儒家和佛教为主，道教内部虽然有的派别举行寿生仪式，有的不举行寿生仪式，但几乎没有对寿生持批评态度的，这也可视为寿生和道教的核心理念关联更密切。

然而，寿生信仰影响力的扩大则应该归功于佛教，佛教使寿生信仰有了一个大转变，就是把填还对象从天曹钱库转变到冥司钱库，并结合十王信仰，由此在民众中产生了重大影响。寿生寄库在早期和道教的五斗注生古老观念有关，《太上老君说五斗金章受生经》叙说前半部分讲五斗注生，“受生”为人，由此衍生出负欠的说法，故还钱对象是五斗星君、本命元辰等天曹。前引杜光庭《道教灵验记》所记成都张部等的故事说明焚钱还冥债确实也是还到天曹，称为“北斗钱”，收存于天曹库中。《太平广记》中司命使者对窦玄德说：“明晚当报，仍买好白纸作钱，于净处咨白天曹吏使，即烧却。若不烧，还不得用。不尔，曹司稽留，行更得罪。”[1]天曹掌文书公干的吏使需要受钱后，才不会稽留文书。这两则晚唐五代的史料说明，当时道教仪式中是向天曹烧纸钱。

后来，尽管冥司寄库逐渐取代了天曹寄库成为主流，但道教中尚保留早期向天曹焚钱的仪式，由于这种矛盾，所以才有

① 《太平广记》，卷七十一，《窦玄德》，第2册，中华书局，1961年，第444—445页。笔者使用的为2018年加印版本。

孙光宪所记秦保言事中所谓上界仙真不用纸钱的说法。[1]这是佛教把纸钱归于冥司专属的影响力占到绝对优势后，道教内部为适应这种变化，主动对仪式中所保留向天曹焚钱的旧俗进行剔除。从道教“受生”转变为佛教“寿生”，不仅是一字的变化，其核心是填还对象从天曹钱库变到冥司钱库。佛教将寿生焚纸钱填还的对象变为冥司专属，与预修及十王信仰结合在一起，由此产生了巨大影响。寿生文本和十王文本的结合比较紧密，哈佛燕京图书馆藏松广寺万历四十六年（1618）刊本《寿生经》文本后附有冥府桥筏渡河、黑衣使者、业镜以及十殿每一冥王和眷属图像。寿生从道教的焚钱天曹变为填还冥府，成为生七预修的内容之一，是其影响力扩大的关键因素。

《太上老君说五斗金章受生经》叙说前半部分讲北斗等五斗注生，是道教五斗为生命来源的观念，[2]后半部分讲填还，对象是五斗星君等天曹圣众，配合符箓，全篇是比较纯正的道教观念，故其时代可能较早。时代略晚的《灵宝天尊说禄库受生经》已经在适应佛教的影响，不仅要填还天曹元辰之财，也要填还地府受生之钱，这是折中道教天曹填还和佛教冥司

① （五代）孙光宪撰，贾二强点校：《北梦琐言》，卷十二，《王潜司徒烧纸钱（奉威仪附）》，中华书局，2002年，第261页。

② （日）三浦国雄：《日本若杉家本〈校正北斗本命延生经〉的意义》，《不老不死的欲求：三浦国雄道教论集》，四川人民出版社，2017年，第131—150页；韦兵：《道教与北斗生杀观念》，《宗教学研究》2005年第2期。

填还。调和两家的理由是众生“命属天曹，身系地府”，得“命”需要向天曹元辰许钱，得“身”需要向地府借受生钱，自然填还也必须分别对天曹和地府。又加入了冥司宝树圣箭的情节，这是受到北方草原民族“生命树”风俗影响的结果，应该是宋、辽、金互动频繁时代的产物。而且这部道经中冥司填还明显占优势，宝树圣箭都在冥府中，说明佛教冥府填还观念基本取代了寿生信仰产生初期道教的天曹焚修。道教经典也不得不适应佛教到来的变化，采用冥府填还的说法。明清时代科仪基本采用这种折中的说法，“天冥两纳”，既要向地府，也要向天曹填还。

第二章　折射与融合：寿生信仰诸要素的文化分析

寿生是第二个千年兴起的新信仰，其中既有纵向历史发展变革的积淀，也包含横向南北农耕与草原地区的互动交融。唐宋以来货币使用越来越广泛，尤其是国家税收的货币化、国家借贷的制度化，使货币经济成为百姓的日常。纳税、借贷还会和胥吏打交道，文牒合同是此类金融活动中不可缺少的部分，这些都生动地折射在寿生信仰中。纸钱从瘗埋到焚烧、寿生经典中宝树圣箭的“生命树”主题，又是草原文化融入的结果。

第一节　纸钱灰入松楸梦：冥钱

烧纸钱填还预修是寿生寄库的标志性要素。纸钱，又叫冥钱、冥楮、楮镪、寓钱。寓钱是"言其寄钱形象于纸也"，"自唐以来始用之"。[①]又"汉以来葬丧皆有瘗钱，后世里俗稍以纸寓钱为鬼事"[②]，则丧祭之寓钱起于汉世之瘗钱，汉唐之间丧葬制度有一个从瘗到烧的转变：

> 古者享祀鬼神有圭璧币帛，事毕则埋之。后代既宝钱货，遂以钱送死。《汉书》称盗发孝文园瘗钱是也。率易从简，更用纸钱，乃后汉蔡伦所造，其纸钱魏晋以来始有其事。[③]

古人认为纸钱始于唐玄宗时的祠祭使王玙，"其祷神而用寓钱则自王玙始耳"[④]，其实王玙只是把纸钱纳入官方祀典，把纸钱用于官方的山河等神明祭祀典礼。"古人以玉币，后

---

① （宋）叶廷珪：《海录碎事》，中华书局，2002年，第924页。关于寿生与冥钱这一问题的研究，比较早的是侯锦郎的《中国宗教中的冥币和财库观念》（*Monnaies d'offrande et la notion de trésoserie dans la religion chinoise*，Ching-lang Hou，1975）。原文为法文，未能参考。有节译可以帮助了解大概内容：侯锦郎著，许丽玲摘译：《从考古、历史及文学看祭祀用纸钱的源流与递变》，《民俗曲艺》第72期，1991年7月；《台湾常见的祭祀用纸钱》，《民俗曲艺》第81期，1993年1月。

② 《新唐书》，卷一百九，《王玙传》，中华书局，1975年，第4107页。

③ （清）徐乾学：《读礼通考》，卷九十六，《纸钱》，景印文渊阁四库全书本，第114册，台湾商务印书馆，1986年，第338页。

④ （宋）叶寘撰，孔凡礼点校：《爱日斋丛抄》，卷五，中华书局，2010年，第112页。

来易以钱，至玄宗惑于王玙之说，而鬼神事繁，无许多钱来埋得，玙作纸钱易之。”[①]汉代祭祀，以木刻寓龙、寓马，已经开启了纸钱代替币钱的先河。朱熹所言很有道理，鬼神事繁，没有那么多钱来埋，由实物到象征的简化是潮流，王玙以寓钱代替实钱只是这种制度变革中的一环，但他并非纸钱的创始人。宋人还有一种说法认为纸钱代替实物是有鉴于盗墓：“汉晋人葬多瘗钱，往往遭发掘之祸，如盗发孝文园瘗钱是也。后人偶掘地得钱，谓之掘著窖子。今之五铢，世谓之古老钱，皆汉所瘗者。唐鉴发掘之祸，易以楮钱。”[②]这大概也是实钱变纸钱的一个缘由。总之，纸钱始于中古，魏晋以来都有使用纸钱的记载，只不过当时人习焉不察，唐宋时人才有较多对纸钱源流的考证：

予观洪庆善《杜诗辨证》载《文宗备问》云：南齐废帝东昏侯好鬼神之术，剪纸为钱以代束帛，至唐盛行其事，云有益幽冥。又牛僧孺云：楮钱，唐初剪

① （宋）黎靖德编，王星贤点校：《朱子语类》，卷一百三十八，中华书局，1986年，第3287页。

② （宋）朱翌：《猗觉寮杂记》，卷下，《全宋笔记》，第三编第10册，大象出版社，2008年，第64页。

纸为之。此足以补《事林广记》之未及。[①]

魏晋以来民间一直用纸钱来祭祀鬼神，唐宋以降，更加普遍，上至王公贵胄，下至平民百姓都以纸钱事鬼神。1914年英国考古学家斯坦因第三次中亚考古时，首次在新疆吐鲁番古墓中发现纸钱。20世纪50年代以来，考古发掘中也有多次发现，如吐鲁番阿斯塔那521号唐墓内发现的纸钱，应为现今存世最早的纸钱实物。[②]后周世宗葬礼上使用有雕版印刷文字的纸钱："显德六年，世宗庆陵殯土发引之日，百司设祭于道，翰林院楮泉大若盏口，余令雕印字文，文之黄曰'泉台上宝'，白曰'冥游亚宝'。"[③]唐五代时，日常以纸钱事鬼很普遍：

---

① （宋）叶寘撰，孔凡礼点校：《爱日斋丛抄》，卷五，中华书局，2010年，第113页。关于纸钱源流的研究，可参考赵睿才、杨广才：《"纸钱"考略》，《民俗研究》2005年第1期；陆锡兴：《唐宋时期的纸钱风俗》，《文史知识》2010年第4期；夏金华：《纸钱源流考》，《史林》2013年第1期；张崇依：《纸钱新探——以唐宋社会礼俗互动的视阈》，《西南民族大学学报》2017年第11期。关于近代纸钱锡箔业以及相关文化史问题可参考潘玮琳：《礼俗消费与地方变迁：江浙锡箔的物质文化史》，上海社会科学院出版社，2018年。此书研究了明清的外国传教士对烧纸钱的看法，锡箔业产生的传说，锡箔的生产流通等问题，是了解这一领域的重要著作。

② 新疆维吾尔自治区博物馆、西北大学历史系考古专业：《1973年吐鲁番阿斯塔那古墓群发掘简报》，《文物》1975年第7期。

③ （宋）陶谷撰，郑村声、俞钢整理：《清异录》，卷下，《全宋笔记》，第一编，大象出版社，2003年，第111页。按：此处文字参考《说郛三种》（上海古籍出版社，1988年，第5545页）有改动。

唐代王潜与武相元衡有门生故吏之分，武遇刺身亡后，王潜常于四时爇纸钱以奉祀。王潜后镇荆南，治下有染户许琛被误摄入冥，返回称武元衡为冥府判官，带信传言于王潜：

> 琛曰："初被使人追摄至一衙府，未见王，且领至判官厅，见一官人凭几，曰：'此人错来，自是鹰坊许琛，不干汝事。'即发遣回，谓许琛曰：'司徒安否？我即武相公。大有门生故吏，鲜有念旧于身后者。唯司徒不忘，每岁常以纸钱见遗，深感恩德。然所赐纸钱多穿不得，司徒事多，点检不至，仰为我诣衙具导此意。'"王公闻之，悲泣惭讶，而鹰坊许琛果亦物故。自此选好纸剪钱以奉之。①

岁时致祭，焚烧纸钱，看来已经是当时风俗，这里也已经可以看到打造纸钱中存在的质量问题。所谓纸钱"多穿不得"，就是制造过程中出现的不合格纸钱，这种"穿不得"的纸钱其实也是世间破损薄小劣质钱的投射。唐宋时期，劣质钱

① （五代）孙光宪撰，贾二强点校：《北梦琐言》，卷十二，《王潜司徒烧纸钱（奉威仪附）》，中华书局，2002年，第261页。《太平广记》也收录了此故事，武元衡传语是"深愧每惠钱物，然皆碎恶，不堪行用"（卷三百八十四，《许琛》，第8册，中华书局，2018年，第3067页），和《北梦琐言》所记"（钱）穿不得"是同样意思。

在社会上流行，给人们带来很大麻烦，这种焦虑也投射到冥钱上。给亡人烧不合格的纸钱就像世间给人劣质钱一样，是必须避免的。这种钱不能起到偿愿邀福的作用，必须重新焚烧合格冥钱：王璹入冥，许冥吏千钱，返回后让家人买纸百张作钱送之，但钱质量不好，不能偿愿。“璹又病困，复见吏曰：‘君幸能与我钱，而钱不好。’璹辞谢，请更作，许之，又苏。至二十日，璹令用钱别买白纸作钱，并酒食，自于隆政坊西渠水上烧之。既而身轻体健，遂平复如故。”[1]传说中经常出现这类冥钱不合格的情节，折射出铜钱的质量在当时是一个严重的社会问题。

黑水城文献A-32金代《寿生经》疏文有一句对所烧纸钱的特别说明：“右某谨依衵（教）典，所有经疏银钱，贯百分明，在钱明衣，头怗不除，头内有破损漏贯，并是打绣壳钱人之当，并干烧奏人之事。”后来的版本有作：“分明解说，漏贯薄小，纳在库中。”“破损漏贯”“漏贯薄小”都是指不合格的铜钱，其中“漏贯”是指贯陌钱数短缺，唐宋时代官府多次禁令“陌内少欠”；“破损”是指残破的铜钱；“薄小”主要是指私铸劣质钱，也是官府明令禁止的劣质钱。这件《寿生经》疏文书写的地方是金代陕西路，而陕西路在宋代就是劣

---

① 《太平广记》，卷三百八十，《王璹》，第8册，中华书局，1961年，第3022—3023页。

质私铸“滥钱”问题严重的地方。陕西私铸问题与西夏有关，宝元、庆历之际西夏边事兴起，经费滋多，朝廷匮于财用，于是铸造折十小钱的重宝。由于利润太大，盗铸虽峻法重辟不能止，后削杀为折五、折三，仍不能禁止盗铸。再杀为折二，盗铸稍微止息。[①]后来铜资源枯竭，改用铁钱，陕西铁钱、铜钱共同流通。“盖陕西诸监所用铁，若性稍犷脆，即难于磨漉，多致破缺；若性稍稠浊，即金汁易凝，流注不快，钱上字样率多昏晦，与私铸滥钱夹杂难别，为害不细。”[②]以铁代铜铸钱本来就有难度，至和以后的“率分钱”制度，鼓励铸钱数量，放松质量，劣质官钱和私铸就没法区分，导致私铸滥钱问题更加严重。当时陕西钱分为六等，以大小铜钱为上等，为豪宗富室私蓄，中下等铁钱入于官府，民间还有大量“阙薄漏贯、字样不明、不成楞郭”的“私铸轻阙怯薄钱”[③]，即所谓滥钱。神宗熙宁九年（1076），朝廷企图整顿陕西滥钱，同时消除钱币等级，但效果未见得好，“陕西自罢滥钱后，军民交易尚为兼并

---

① 《续资治通鉴长编》，卷五百十二，第34册，中华书局，1993年，第12179页，元符二年泾原路章楶申尚书省状。

② 《续资治通鉴长编》，卷三百四十四，第23册，中华书局，1990年，第8259页。

③ 《续资治通鉴长编》，卷五百十二，第34册，中华书局，1993年，第12179—12180页。

之家不肯以省样铁钱与铜钱一般行使，亏损官私”[1]，富豪暗中抵制，仍想保留大小铜钱的优越地位。书写于金代陕西路的这件《寿生经》疏文特别强调“破损漏贯”问题，看来有其时代和地域的影响。“贯百分明”，这句话联系宋金时代的货币制度就更容易理解，这与当时的“省陌”制度有关。古代百钱为陌，十陌为贯。唐长庆二年（822）诏以九百二十钱为贯，就是说一陌为九十二钱，此为“短陌”之始。宋代通常以七十七、七十二钱为陌，称为“省陌”。这个“省”不是短省的意思，而是指尚书省，就是说是朝廷行政机关认可的陌钱标准。宋代还有“省样钱”，其中“省”也是指尚书省，省样钱是相对于私铸钱而言。又有“足陌”，所谓十十钱，指每陌一百文的陌钱。宋代陌钱种类很多，有九九陌、八五陌、八十陌，短的有七十一陌、六十八陌等等，多种陌钱在社会上并行，不同场合、不同行业使用不同陌钱，不能混淆。“在钱明衣，头怗不除”，“衣”是指封衣，即表明数量品级的封缄文字；“头怗不除”，“除”指除陌、除垫，就是从足陌中扣除的钱数。唐代元和四年（809）定“京城中用钱每贯头除钱二十文”，贯头所扣除的二十文就是除垫钱。“不除”就是不扣除除陌钱。这句话大致的意思是：封缄清楚，所烧纳的是足陌。

---

① 《续资治通鉴长编》，卷二百七十七，第20册，中华书局，1986年，第6771页。

有一个很重要的问题是官府进与出采用的陌钱标准不同，交纳官府的陌钱采用更“足”的标准，而从官府散出的钱则采用更“短”的标准。比如官府纳税与出贷，民纳官每陌是八十文，而官贷民每陌是七十七文。[①]随时代不同，标准有变化，基本原则是“借人长钱，还人短陌”，官府不会吃亏。据洪迈《容斋随笔》记载，当时在七十七文基础上，官钱出、入每贯皆增收五十六文作为“头子钱”，摊到每陌就是官收入以八十二钱六分为陌，官支出以七十一钱四分为陌。[②]而金又不同，大定年间，“民间以八十为陌，谓之短钱；官用足陌，谓之长钱”。[③]这样，我们就会明白上述黑水城文献寿生疏文里面为什么要强调那几句话。那是一个出于敬畏的“免责声明”，意思就是所烧的纸钱是足陌，其中贯陌钱数不短漏，没有劣质私钱。

神明世界的陌钱采用什么标准呢？宋人祈神还愿奉献足陌还是省陌呢？这是个有趣的问题，有两个故事可以有助于我们理解宋人观念中神明世界的陌钱标准：

---

① （宋）薛居正等：《旧五代史》，卷一百七，《王章传》，中华书局修订本，2016年，第1641页。

② （宋）洪迈著，夏祖尧、周洪武校点：《容斋随笔》，三笔卷四，《省钱百陌》，岳麓书社，1994年，第313页。此条讲“省陌”源流，简洁清晰。

③ 《金史》，卷四十八，《食货三》，中华书局，1975年，第1071—1072页。

绍兴中，杨民望兄弟及叔五人同赴类省，列拜祠下，从神案上得钱五百足，杨曰："百钱足，此过省陌也。"后四人同登第，独其叔得钱即用之，遂不第。[1]

杨氏兄弟在神祠得到的钱，其实可能是祈神还愿者奉献的，转手到了杨氏兄弟手中。奉神的钱可见是没有除垫的足陌。因为在普通人观念中神府和官府一样，纳神府的钱还加了神圣和虔信的意味，所以比纳官府八十陌还要"足"，是十十的足陌。那么，神仙假如要给付凡人，使用何种陌钱呢？《夷坚志》有个故事，说神仙羽流借甄氏牧童之手修补钱库，并付给酬劳，正好可以回答这个问题：

其一又问："钱库门已葺未？"其一曰："方用钱三百贯，倩雇一牧童填补讫。"甄时年十七八岁，晓其语，归为父言之，数其钱，正得二百三十一文。[2]

"百"通"陌"，"贯"是衍文，三百（陌）钱二百三十一

① （宋）王象之：《舆地纪胜》，卷一五四，《潼川府·赤崖庙》，中华书局，1992年，第4170—4171页。

② （宋）洪迈撰，何卓点校：《夷坚志》，支甲卷十，《羽客钱库》，第2册，中华书局，2006年，第790页。

文，每陌七十七钱，这是宋代最常用的省陌，通常官给民就是这种七十七陌。神仙在当时人的理解中大概等同于官，所以也是按通行官给民的标准省陌付给。这些情节实际是现实世界的投射。宋代陌钱标准很多，不同场合使用不同陌钱，混淆会导致错误，尤其输官陌钱更要符合贯陌规范，不能羼杂劣质钱，否则会被库吏抓住把柄勒索。就是官吏经手官钱，也要标识记号，以防缺漏："拣、掏经手官钱，各认一色样钱，以彩色染擦，穿一文于瓣头为号。仍供称说：'某人认某年代钱，以某色染擦。'用纸封题，使姓名印子，以防欠陌。"①

黑水城文献A-32金代《佛说寿生经》疏文有一段专门说到"读经折钱"："缘当生岸，于冥司本命/库中许欠注生钱数，今得为/人，不昧忠心，用伸醮还，仪准圣/教，《金刚经》一卷折钱三千贯，/谨舍血汗之财，专诣为自，/请看《金刚经》数，焚香并/启，转诵金文，唯抒冥债，并列/品目。如后相人元欠注生钱贯/文，抒纳《金刚般若波罗蜜经》/卷并已数足，曹官曹纳，杜弟/□□收掌，□□□等所据/□□□数折经寄库等事，/并生在等事须牒冥司主者，/到请照验，判官分上历消。"大致是说如果不能置办纸钱，还可以读经折钱，折经寄库，《金刚经》一卷折钱三千贯。这种以经折钱，也

① （宋）李元弼撰，张亦冰点校：《作邑自箴》，卷四，《处事》，中华书局，2019年，第24页。

有现实生活的影子，那就是唐宋时代的“折色”。唐宋实行两税法，一年两次交税，秋税纳米粮，夏税纳货币，但朝廷有时候根据需要，改变征收形式，粮折钱或钱折粮等称为折色，又叫折纳、科折或折变。折色在唐宋以来非常普遍，是普通人生活中必然会遇到的，读经折钱、折经寄库，用读经功德来折纸钱，思路上和折色是一样的。不过，明代以来版本的《寿生经》中，就渐渐看不到读经折钱的内容，这部分内容在流传过程中被磨洗掉了。究其原因，寿生信仰起初个人性比较强，对教团的依赖不大，自愿填还，形式灵活，读经和烧钱可以相互抵折。这样对无力置办烧醮仪式的下层民众很方便，只要自己诵经就能抵还寿生钱，估计这种抵折本身也是下层民众的创举。后来，寿生信仰高度仪式化，烧醮寿生的斋醮文牒需要专业僧道来操作，这种仪式也成了操此业的应赴僧的一门生意，操作此种仪式是他们生财的关键，他们自然不愿意仅凭读经折钱、折经寄库就迈过烧醮仪式这一步。所以，后来的《寿生经》就没有读经折钱的内容，读经和折钱必须同时具备，不能互抵，而且读经也逐渐成为仪式的一部分，由僧道而不是斋主来施行。

《寿生经》中有一段讲冥府“库藏空闲，催南瞻部洲众生交纳寿生钱”的内容，是说冥府钱库空虚，所以催促众生还寿生钱。这也与当时社会经济有关，唐宋以来，时常闹

"钱荒"，金属货币严重不足，钱重物轻是常态。庆历三年（1043），欧阳修就曾说："今三司自为阙钱，累于东南刬刷，及以谷帛回易，则南方库藏岂有剩钱，闾里编民必无藏镪。故淮甸近岁号为钱荒。"[①]当时朝廷、地方和百姓手里都缺铜钱，豪强之家囤积藏镪，边境走私铜钱，奸猾之徒又把国家发行的铜钱熔销后重铸轻薄劣质钱及铜器以非法牟利，加之王安石变法后，募役、青苗都要"变转谷帛，输纳见钱"[②]，普通百姓对金属货币的需求增加，这些都导致了社会上流通的铜钱严重不足，出现钱荒。这一现象投射到寿生信仰中，就有了冥司库藏空虚、催还寿生钱的内容。

宋元时期，纸钱已经成为一种日用商品。江西德安县出土的南宋周氏墓，墓中的钱包内装有圆形、方孔的纸钱，个别纸钱上印有佛教"卍"字的标记。在山东嘉祥出土的一座元代墓葬中，尸体两侧塞满了草纸与纸钱。作纸钱的毛边纸 40厘米×30 厘米，分为两组，每组四枚，上面切割成圆钱图案。[③]宋代以此为业者已经很普遍："诸暨县治有湖四，饶民陆生者，

---

① （宋）欧阳修著，李逸安点校：《欧阳修全集》，卷一百，《谏院进札子十首·论乞不受吕绍宁所进羡余钱札子》，中华书局，2001年，第1534页。

② 《续资治通鉴长编》，卷二百六十九，第19册，中华书局，1986年，第6593页。

③ 江西省文物考古研究所、德安县博物馆：《江西德安南宋周氏墓清理简报》，《文物》1990 年第9期；山东济宁地区文物局：《山东嘉祥县元代曹元用墓清理简报》，《考古》1983 年第9期。

居县后湖塍上，以打凿纸钱为业。”[①]还有纸钱作坊，李太后入宫才十余岁，她失散民间的弟弟就“佣于凿纸钱家”[②]，凿钱是使用一种特殊工具，在一叠纸上敲出一串串铜钱的形状，造出纸钱。《清明上河图》中有“王家纸马铺”，售卖纸钱、纸马等物，其铺面外观很容易辨识：“纸马铺皆于当街，用纸衮迭成楼阁之状。”[③]清明等年节用于祭祀焚烧的纸钱可以在这些铺子里买到。以纸造钱，有的是一纸作一贯，有的是一纸作十文，民间风俗比较随意，没有严格规定。关于冥钱制作使用，古人认为必须请人家中密室凿造、水边焚化才能为本鬼所得，否则就归地府充公或为他鬼所得。标志就是看灰烬微风动灰还是大风扬灰，前者本鬼得，后者他鬼及地府受，据《广异记》记载，裴龄死而复生，述冥吏语曰：

> 世作钱于都市，其钱多为地府所收。君可呼凿钱人，于家中密室作之，毕，可以袋盛，当于水际焚之，我必得也。受钱之时，若横风动灰，即是我得。

---

① （宋）洪迈撰，何卓点校：《夷坚志》，支景卷八，《诸暨陆生妻》，第2册，中华书局，2006年，第940页。

② （宋）魏泰撰，李裕民点校：《东轩笔录》，卷二，中华书局，1983年，第21页。

③ （宋）孟元老撰，伊永文笺注：《东京梦华录笺注》，卷七，《清明节》，中华书局，2007年，第626页。

若有风飏灰，即为地府及他鬼神所受。[1]

前引王璹入冥还愿烧纸钱，第一次告家人买纸百张作钱送之，不合格；第二次“别买白纸作钱，并酒食，自于隆政坊西渠水上烧之”[2]，就是备酒食，在水边亲自焚烧才如愿。这是强调亲自如法操作才能使合格的冥钱送达。烧纸钱还有一些规矩，比如：

烧时慎勿使着地，可以薪草荐籍之，向一处以火爇，不得搅剔，其钱则不破碎，一一可达也。[3]

每烧钱财，如明旦欲送钱与某神祇，即先烧三十二张纸钱，以求五道，其神祇到必获矣。如寻常烧香，多不达，如是春秋祭祀者，即不假告报也。其烧时，辄不得就地，须以柴或草荐之，从一头以火

① （唐）戴孚撰，方诗铭辑校：《广异记·裴龄》，中华书局，1992年，第141页。

② 《太平广记》，卷三百八十，《王璹》，第8册，中华书局，1961年，第3023页。

③ （宋）黄休复撰，李梦生校点：《茅亭客话》，卷十，《孙处士》，上海古籍出版社，2012年，第147页。

爇，不得搅碎，其钱即不破碎，一一可达也。[1]

又嘱云：焚时愿以物藉之，幸不着地，兼呼韦鼎，某即自使人受。[2]

当时很强调这种烧纸钱的规矩，烧纸钱时不能直接放在地上烧，下面应该垫上柴草，从一头烧起，尽量保持纸钱灰烬完整，不能搅动，这样送达冥间的钱才不会破损。前引许琛入冥中所言“穿不得”的冥钱，除了打凿不合格外，烧的时候搅动也是造成冥钱破损穿不得的原因。烧的时候要呼喊受钱人姓名，受钱人才能收到。此外，烧钱的时候，除受钱人外，还要另备一份，烧给五道神及其他路过神鬼。点燃纸钱不能直接由油烛度火：“有见泰山堆积蜡钱无用，云人间化财，用油炷度火为污者。”[3]后代的经忏也说到烧纸钱不能用油火的规矩，与唐宋人所言一脉相承：“烧钱莫把油火烧，油火烧钱雾天曹。烧钱还要散钱烧，万贯相连上天曹。”[4]烧散钱是指要把

① 《太平广记》，卷三百八十，《郑洁》，第8册，中华书局，1961年，第3029页。

② 《太平广记》，卷三百，《杜鹏举》，第6册，中华书局，1961年，第2381页。

③ （宋）志磐撰，释道法校注：《佛祖统纪校注》，卷三四，《法门光显志第十六》，上海古籍出版社，2012年，第795页。

④ 《结冤造茅解冤仪》，私人藏民国廿七年刘克明抄本。

一厚沓纸钱分开一张一张烧，整沓烧钱就归天曹，亡魂不能得到。这些规矩有的今天仍旧存在，但遵守得不是那么严格。

有一种说法，纸钱行于冥中，上界仙真似不用纸钱：

> 南獄道士秦保言威仪，勤于焚修者，曾白真君云："上仙何以须纸钱？有所未喻。"夜梦真君曰："纸钱即冥吏所藉，我又何须。"由是獄中益信之。[1]

道士秦保言勤于"焚修"，就是指烧纸钱，可见普通道观还是流行给上界仙真烧纸钱，这个问题可能是唐玄宗开元中王屿把纸钱用于国家河岳等神明祭祀带来的。本来按旧典国家祭祀是用玉帛钱币，事后瘗埋，王屿把魏晋以来民间流行的事鬼的纸钱用在国家祭祀典礼，这种不合礼制的做法引起了不少批评，也混淆了对上仙和鬼神的不同祭祀方式。但其影响很大，普通道士已经分不清奉祀上仙和鬼神的区别，对上仙同样焚化纸钱。五代的史料证明道观中确实有向天曹焚化纸钱的地方，前引杜光庭《道教灵验记》：成都张郃，焚纸钱冥债，"就玉局化北帝院天曹库子送纳"，玉局化是唐宋时期成都有名的道观，其中有焚纸钱的地方。冯录事侄入冥放归，"自县后门仓

① （五代）孙光宪撰，贾二强点校：《北梦琐言》，卷十二，《王潜司徒烧纸钱（奉威仪附）》，中华书局，2002年，第261页。

院路而还，见路两畔有舍六十余间，云是天曹库收贮玉局化所奏钱”，五代时人们还相信天曹是收纸钱的。接着，在张某成都奏钱的灵验记中，也在玉局化北斗北帝院奏北斗钱二百千，还要声明：“则知纸钱所用，事甚昭然矣。”[①]此处专门强调奏天曹纸钱的灵验就是因为当时已经有质疑，认为天曹不用纸钱。孙光宪所记秦保言事，就是说天曹不用纸钱，这是受佛教影响，天曹受生寄库转变为冥司寿生寄库，纸钱专属冥间。这种改变影响深远，道教内部不得不对仪式中保留的向天曹焚钱旧俗进行剔除，以适应这种变化。简单地说，王屿把用于冥事的纸钱用于国家山川祭祀，道士承此以纸钱焚修上仙，而佛教寿生再一次将纸钱归于冥司专属。但究竟是否应向天曹烧奏纸钱，在道教中一直没有统一。

孙、杜二人都是五代时人，杜所言天曹受纸钱，孙所记言纸钱专用于冥界。但从杜所记张郃事来看，焚化纸钱的地点是玉局化北帝院，受钱的是北帝院天曹库；又据冯录事事来看，收贮玉局化焚奏纸钱的北帝院天曹库在“县后门仓院路”中，这里的“县”从上下文看不是阳间的县城，而是城隍所治的阴间县城。天曹库的钱收贮在城隍治所，这和世间朝廷收取

---

① （五代）杜光庭：《张郃奏天曹钱验（邛州、成都奏钱事附）》，《道教灵验记》，卷十五，《杜光庭传记十种辑校》（上册），中华书局，2013年，第300—301页。

的钱物寄在州县是一个道理，天庭统冥府，犹如朝廷统州县，这是从世间的情况来想象天庭和冥府的关系。向天曹焚钱还是向冥司焚钱的矛盾，在这个解释中也得到调和。这个仓院路边的六十余间房舍，就是所谓钱库，五代宋州县均有钱库。州县有各种“库”，是官府储存钱物的地方，和钱库一起的往往还有架阁库，保存各种钱物出入的簿账文书。[①]据寿生经典，烧寿生时阴牒合同要随同焚化，这将被冥司收纳，登记造册，作为凭据收入架阁库。斋主百年之后到阴间需执阳牒与收藏在冥司架阁库的阴牒比勘，领取冥钱。唐宋对冥府的描述多见此种存放文牒书契的架阁，冥司钱库与架阁库实际是按照世间州县相关制度构想出来的。当时官府的文档架阁是上下往来文书及地方收税、派役、钱物出入凭据存放地点，管理非常严格：“诸案架阁文字，外封上题写架阁人吏姓名、花字押、应点数敕书，逐一以案卷勘对，遂无漏落”，落实专人负责；“架阁文字，若自来不至齐整，作知县牒县，重行编排。日轮手分、贴司二名入库，置历限与号数，逐晚结押”，就是说定期要整理、核查；如果有遗失，会承担罪责，“去失架阁文字，刑名

① （宋）梁克家：《淳熙三山志》，卷九，《诸县仓库》，景印文渊阁四库全书本，第484册，第203页。

不轻，益当在意也"[1]。寿生科仪中有"架阁大神"，作为库曹官僚属，专门掌管架阁库的文书合同。请架阁大神的文字对其描述是："一心奉请：听承佛旨为收贮，架阁坚牢不暂停。即便锁钥牢收拾，等候凡间作善人。"[2]因为寿生寄库最后要到冥中勘对阴阳文牒，架阁大神掌管了阴牒文书，关系重大，所以仪式中要专门礼请。

钱库有规矩，比如出入要置历，记录明细："置入门、到廊历，应系赴县送纳钱物，昼时抄上呈押。内入门历，门子抄转收掌，逐库自来各有库子处，各自置历，其入门历止用一道。"[3]钱库要堆叠整齐，"钱库常切排垛齐整，与历尾、库经相照，仍常写空头门牌，以备官员不期到来检点"[4]。入库钱贯不仅要堆放整齐，还要有秩序，能够和入库清单顺序吻合，"门牌"是库中钱物标签，"库经"是逐项出入明细，"历尾"是现有盘存总数。钱库制度要求标识分明、堆码清楚、账目吻合，便于随时核查。后面将要论述的大足寿生造像中堆垛齐整的铜钱，可能就是官府钱库的形象

---

① （宋）李元弼撰，张亦冰点校：《作邑自箴》，卷一，《正己》；卷二；《处事》，中华书局，2019年，第14、12页。

② 《请曹官科范》，《佛门生斋全集》，侯冲藏清抄本。

③ （宋）李元弼撰，张亦冰点校：《作邑自箴》，卷二，《处事》，中华书局，2019年，第11页。

④ （宋）李元弼撰，张亦冰点校：《作邑自箴》，卷五，《规矩》，中华书局，2019年，第33页。

写照。

烧醮寿生仪式中，纸钱锡锭必须装在箱笼之中，这种箱笼称为“箦”“箦”，装箱以后才便于力伕搬运。仪式文本描述这种箱笼：“篾编成，纸糊就，凡间箦扛。内装贮，经钱楮，宝钞实银。”[①]寿生纸钱装箱以后，还有一些规矩讲究，据学者的田野调查：

> 所有箱笼都贴有含符印的封条，烧化纸钱时要在户外，将准备好青杠柴堆架起来，再摆上贴好封条的银钱、纸扎箱笼等。起码在烧化前三天银钱箱笼就要准备好，放在屋内一角用草席子盖好，点上三个晚上油灯，好让库官数钱。[②]

其中，银钱箱笼须用草席覆盖的细节和唐代的文献非常一致：辛察入冥，为冥中官吏黄衫人索贿银钱，因天亮不及搬运，需要暂时存放，“察与黄衫及车人，共搬置其钱于庙西北角。又于户外，见有苇席数领，遂取之覆”[③]。金银钱物为了

---

① 《夯夫科》，侯冲藏1927年普济佛会堂抄本。

② 蒋馥蓁：《道教的“受生填还”仪式：以四川〈广成仪制〉为中心的考察》，《民俗曲艺》第194期，财团法人施合郑民俗文化基金会，2016年。

③ 《太平广记》，卷三百八十五，《辛察》，第8册，中华书局，1961年，第3074页。

运输收存，必须装箱贴封，标明品名数量，编写字号以免私拆偷漏："箕面上，现有文凭为据。笸子内，钱财不许暗偷。"搬运的力伕必须保护好钱箱封皮、杠条不能私拆损坏，否则无法交割："切莫要，拆封皮，偷漏钱贯。犯了法，拿到官，决不容情""下雨时，就将油纸盖着，莫等打湿封皮。小心小心，仔细仔细。"[①]封皮式如下：

宝坛门下

为填还给库增福延寿事，今据奉佛设供填还信人、女虔备信赟第○扛内装红黑彩缎金帛银钱三百六十份，徧立　字第几号，仰差车夫搬运，径诣冥府掌受生院第几库△曹官掌库司君　案下伏乞收贮，摽名架阁，增隆福果，须至批封者。

天运　年　月　日

坛内出给[②]

抬头"宝坛门下"是指文书由斋坛出具，末尾也有"坛内出给"署签，封条中申明"须至批封"或"须至谨封"，是强

---

① 《夯大科》，侯冲藏1927年普济佛会堂抄本。

② 《填还赟封皮》，赢世万辑：《佛门填还寄库定制集》，韦兵藏1922年赢世万抄本。

调须由冥司库曹官亲启开封封皮杠条，不可私拆。

这些金银钱物封缄文书在运输、贮存中都不能丢失、损破，封缄上的品名数量要和箱笼中物品相符，这样可以明确责任，避免偷漏造成损失，这也是当时的制度。“同光中，庄宗遣平蜀，得王衍金银，命悉熔之为金砖、银砖，约重三百斤。一砖开一窍，二人担之，上有匠人名曰冯高。过荆南，高季兴曰：冯高主属我坑官吏。持而有之，储为一库。皇朝建隆中，金银入京师，斤两、封缄如故。”[①]可见封缄始终是跟着钱财走的，虽历三朝，封缄如故。没有封缄，无法交接。封缄制度就是预防运输与存储过程中的遗失，寿生仪式中冥财封缄是对现实世界钱物运输、出纳、封缄制度的模仿。

第二节　寿生寄库中的草原文化积淀（一）：从瘗埋到焚烧

中国古代丧葬制度中陪葬钱币有一个演变趋势，即从使用实物到使用象征性替代物，使用方式从瘗埋到焚烧。这是一个缓慢演变的过程，变化的动因涉及社会经济和文化交流。纸钱的使用及焚烧取代瘗埋就是这一变化中的重要一环。秦汉以

① （宋）李石撰，（清）陈逢衡疏证，唐子恒点校：《续博物志疏证》，卷十，凤凰出版社，2017年，第240页。

前，华夏丧葬制度的随葬钱币还可见使用实物，以后渐渐以象征性器物取代实物，此即所谓冥币。

周秦时代，往往将墓主人生前使用的实物随葬墓中。随葬实物，采用的方式当然就是瘗埋。后来，实物随葬逐渐退出历史舞台，因为这些陪葬的使用既不符合人道的精神，也造成巨大的财富浪费，受到谴责。其中，人殉、车马殉的替代物较早出现，陶或木质的人俑、车马俑、猪狗俑等明器逐渐取代实物随葬，土制冥币也是这一趋势的产物。汉代墓随葬既有铜钱也有土制冥钱，汉墓中有些铜钱甚至是当时实际流通的，比如海昏侯墓中就出土了大量铜钱，而马王堆一号汉墓出土的大量泥半两是土制冥钱。[①]晋唐时代，铜制、土制冥钱的替代品纸钱已经出现，墓葬中瘗埋纸钱而不用实钱或土制冥钱，纸制冥钱逐渐成为主流。1914 年斯坦因第三次中亚考古时，在新疆吐鲁番古墓中发现纸钱。后来吐鲁番考古发掘中也多次发现墓葬用纸钱，如吐鲁番阿斯塔那521隋唐墓葬、哈拉和卓唐代墓葬、木纳尔墓地出土的唐代纸钱，其中阿斯塔那521墓初唐纸钱是现今所见最早纸钱实物。除了纸制以外，巴达木墓地还出土了木制冥币。这些是唐代西域地区使用纸制、木制冥币的实物证

---

① 关于墓葬中从实钱瘗埋到替代性寓钱转变的研究可参考王雪农：《中国冥币瘗钱及其演变过程》，《中国钱币论文集》第3辑，中国金融出版社，1998年，第 329—337 页。

据，都是采用瘗埋而非焚烧方式。[1]

唐玄宗时的王玙被认为是纸钱的始作俑者，其实他只是把纸钱用于官方祀典，王玙之前纸钱早已经在民间流行，其使用方法最早可能还是替代实钱瘗埋，如阿斯塔那高昌古墓所见。张籍《北邙行》说“寒食家家送纸钱，乌鸢作窠衔上树”[2]，这里的“送”不是焚烧，不然乌鸢如何能衔上树做巢呢？况且，寒食禁止火，更不可能焚烧，唐朝寒食野祭使用纸钱的方式最大可能是悬挂或陈列在墓前。

焚烧是后起的，但却是一个很重要的变化，纸钱焚烧也是寿生寄库的关键构成要素。晋唐以前，随葬冥币主流是采用瘗埋，唐代以降，焚烧纸钱成为潮流。我们已经可以看到大量唐代文献描写焚烧纸钱祭祀亡魂，甚至说到纸钱必须焚化才能送达，给天曹吏使烧纸钱“若不烧，还不得用”[3]；连寒食也是

---

① 新疆维吾尔自治区博物馆、西北大学历史系考古专业:《1973年吐鲁番阿斯塔那古墓群发掘简报》,《文物》1975年第7期; 新疆维吾尔自治区博物馆:《吐鲁番县阿斯塔那—哈拉和卓古墓群发掘简报(1963 —1965)》,《文物》1973年第10期; 陆锡兴:《吐鲁番古墓纸明器研究》,《西域研究》2006年第3期; 余欣:《冥币新考: 以新疆吐鲁番考古资料为中心》,《世界宗教研究》2012年第1期。对出土纸钱的研究可参考陆锡兴:《南宋周氏墓纸钱及有关问题考》,《文物》1993年第8期;《吐鲁番古墓纸明器研究》,《西域研究》2006年第3期。

② (唐)张籍撰, 徐礼节、余恕诚校注:《张籍集系年校注》, 卷一,《北邙行》, 中华书局, 2011年, 第78页。

③ 《太平广记》, 卷七十一,《窦玄德》, 第2册, 中华书局, 1961年, 第445页。

焚化纸钱了，王建《寒食行》：“三日无火烧纸钱，纸钱那得到黄泉。”可见当时人已经普遍认为纸钱不通过焚烧这种方式就无法送达冥府。

纸钱使用方式从瘗埋到焚烧是一个重要的变化。如果说丧葬制度从实钱到纸钱的变化还可以从内部经济文化的因素来解释，纸钱的使用从瘗埋到焚烧的变化则要联系不同文化的交流来理解。在华夏祭祀和丧葬制度中，瘗埋一直是主流，焚烧虽然也存在，但范围和数量都比瘗埋要少。我们可以说瘗埋是中原农耕文化的特点，而焚烧则带有北方游牧文化的基因。

焚烧祭祀，是草原文化一脉相承的传统，草原有“烧饭”祭祀的风俗，就是焚烧死者生前使用过的器物、犬马甚至奴婢来祭奠。突厥人“取亡者所乘马及经服用之物，并尸俱焚之，收其余灰，待时而葬”[①]。乌桓旧俗，祭奠亡者，“并取亡者所乘马、衣物、生时服饰，皆烧以送之”，葬礼仪式中用于送亡魂至赤山的犬马，也要在仪式中杀死焚烧。不仅对待死者，对日月鬼神也用焚烧牺牲的方法来祭祀：“敬鬼神，祠天地日月星辰山川，及先大人有健名者，亦同祠以牛羊，祠毕皆烧之。”[②]焚烧祭祀起源非常古老，北方民族都有此风

① 《周书》，卷五十，《突厥传》，中华书局，1971年，第910页。

② 《三国志》，卷三十，《魏书·乌丸鲜卑东夷传》，裴注引王沈《魏书》，第3册，中华书局，2007年，第832—833页。

俗，辽金蒙古也继承此种古老风俗，辽圣宗崩，“乃以衣、弓矢、鞍勒、图画、马驼、仪卫等物皆燔之”[①]；金人“贵者生焚所宠奴婢、所乘鞍马以殉之，其祭祀饮食之物尽焚之，谓之烧饭”[②]；元朝设有“烧饭院”，以焚烧祭祀先祖，属于蒙古旧礼：“每岁，九月内及十二月十六日以后，于烧饭院中，用马一、羊三、马湩、酒醴、红织金币及里绢各三匹，命蒙古达官一员，偕蒙古巫觋，掘地为坎以燎肉，仍以酒醴、马湩杂烧之。巫觋以国语呼累朝御名而祭焉。”[③]西夏人把草原焚烧祭祀的“烧饭”传统用于佛教，党项贵族在僧侣主持下在寺窟中举行“烧施”仪式，焚烧食物等以奉佛。[④]北方游牧文化相关的民族都共享焚烧祭祀的传统。

契丹人祭祀也非常看重焚烧，木叶山祭祖就是采用焚烧纸钱的方式，于每年十月在太祖葬地木叶焚烧纸钱：“十月内，五京进纸造小衣甲并枪刀器械各一万副。十五日一时堆垛，国主与押番臣寮望木叶山（小注：葬太祖处）。奠酒拜，用番字

---

① 《辽史》，卷五十，《礼志二》，第3册，中华书局，1974年，第839页。

② （宋）宇文懋昭撰，崔文印校证：《大金国志校证》，卷三十九，《初兴风土》，中华书局，1986年，第552页。

③ 《元史》，卷七十七，《祭祀六》，第6册，中华书局，1976年，第1924页。此段对“烧饭”的论述，袭自刘浦江先生：《契丹人殉制度研究——兼论辽金元“烧饭”之俗》，《宋辽金史论集》，中华书局，2017年，第59—95页。

④ 宁强、何卯平：《西夏佛教艺术中的“家窟”与“公共窟”——瓜州榆林窟第29窟供养人的构成再探》，《敦煌学辑刊》2017年第3期。

书状一纸，同焚烧奏木叶山神，云‘寄库’。北呼此时为‘戴辣’，汉人译云‘戴’是‘烧’，‘辣’是‘甲’。”[①]又曾慥《类说》引武珪所撰《燕北杂记》：“十月，将小纸衣甲像生枪刀器械，望木叶山寄库，呼为戴辣（小注：‘戴’是‘烧’，‘辣’是‘甲’）。”[②]“戴”是契丹语，意为“焚烧”，其实这是契丹人烧纸甲以祭祀先祖，不是烧寄库。刘长东认为，将“戴辣”理解为寄库是“格义”式的汉译。[③]武珪为由辽入宋的归正人，虽晓契丹语，但对契丹贵族上层风俗理解似是而非，但转而可证辽国境内已经流行寄库信仰，故以此格义。

王小甫认为契丹人受摩尼教影响，崇拜火神，拜火仪式进

① （宋）叶隆礼撰，贾敬颜、林荣贵点校：《契丹国志》，卷二十七，《岁时杂记》，中华书局，2014年，第284页。承徐阳博士指正：根据高宇《〈契丹国志〉研究》（北京大学博士论文，2012年），此条《契丹国志》史源来自元陈元靓编《岁时广记》卷三七“戴辣时”，核对《岁时广记》，此条抄撮自《燕北杂记》，即武珪《燕北杂录》，可见所记事实来自武珪所见。武珪嘉祐六年（1061）从辽归宋，所历辽事大约均在兴宗道宗之间。可参见苗润博：《〈说郛〉本王易〈燕北录〉名实问题发覆》，《文史》2017年第3辑。《岁时广记》所引文字小异，如“国主”作“戎主”，“北呼此时”为“蕃呼此时”。

② （宋）武珪：《燕北杂记》，“木叶山”条。（宋）曾慥：《类说》，卷五，明天启六年岳钟秀刻本，北京图书馆古籍珍本丛刊，第62册，书目文献出版社，1990年，第86页。

③ 刘长东：《论民间神灵信仰的传播与接受——以掠剩神信仰为例》，《四川大学学报（哲学社会科学版）》2007年第4期。

入国家仪式层面："岁除仪：初夕，敕使及夷离毕率执事郎君至殿前，以盐及羊膏置炉中燎之。巫及大巫以次赞祝火神讫，阁门使赞，皇帝面火再拜（原注：初，皇帝皆亲拜，至道宗始命夷离毕拜之）。"[①]这种由帝王亲自主持的拜火仪式反映了背后一整套崇尚火的宗教文化观念。[②]

契丹人重焚烧祭祀的传统深入民间，在其佛教信仰中也打上了烙印。涿州地区里社奉佛邑会有羸钹邑、锣钹邑等举办道场，为求取佛舍利供养，"于大安三年二月望日，建圆寂道场三昼夜，以草为骨，纸为肉，彩为肤，造释迦涅槃卧像一躯，具仪荼毗。火灭后，获舍利十余粒"，又于"天庆九年二月十五日，亦兴圆寂道场七昼夜，依前造像。至二十一日，亦具仪荼毗。火及之处，以取净羖血，于烟焰中，见于□□，举众皆睹，灰烬内又获舍利五十余粒"[③]，村社组织邑会，扎纸草为佛像，焚烧以求舍利，建塔供养。这种以焚烧为主题的道场是契丹人礼佛的特殊风俗，而且仪式中还要向火焰投洒羖羊血，这就还包含了草原流行的"烧施"供养成分。

---

① 《辽史》，卷四十九，《礼志一》，第3册，中华书局，1974年，第838页。

② 王小甫：《中国中古的族群凝聚》，中华书局，2012年，第138页。

③ 《永乐村感应舍利石塔记》（天庆十年），《靳信等造塔记》（大安六年），阎凤梧主编：《全辽金文》（上），山西古籍出版社，2002年，第662页、769页。

瘗埋和农耕文化联系更紧密，而焚烧和游牧文化的渊源更深。我们可以对比二者对焚烧的态度，前引《周书》突厥贵族死后火葬，连同生前使用的物品一起焚烧。对神灵先祖的祭祀也用焚烧祭品的方式祭祀，而且特别指出对所有“先大人有健名者”进行烧饭祭祀，就是说焚烧祭祀是对享有荣誉的先祖的礼敬，是很高规格的祭祀。佛教的流行更加推动了火葬焚化，从前王者的葬礼一般是焚化衣服、犬马、仪仗等物，以作陪葬，佛教流行以后，连同遗体，一并焚化。蒙古俺答汗死后，埋葬的骨殖被再次火化，显示了佛教影响下对焚化的尊崇：“（圣喇嘛）由此启程赴十二土默特地方，责其埋葬阿勒坦合汗骨殖之事，曰：‘惜哉！汝等奈何弃掷此无价之宝于地上耶？’遂掘出而焚化之，则显出无数舍利子等神奇瑞应，众民皆称异焉。”后面又说到，将莫伦福晋歿后整尸而葬，由于生前造恶业，化为厉鬼，圣喇嘛令人取出重新焚化。[1]阿勒坦汗和莫伦夫人先被瘗埋，这种方式可能受了中原葬俗的影响，这与佛教及草原文化千百年积淀的文化心理不符，所以被否定，称为是弃掷于地，要重新起出焚烧。虽然强调舍利呈现、超度亡魂等佛教色彩，但内中草原旧俗焚烧高于瘗埋的观念表现无遗。草原焚化旧俗在佛教的外衣下保持了顽强的生命力。

---

① （清）萨囊彻辰著，道润梯步译校：《蒙古源流》，卷七，内蒙古人民出版社，1981年，第402—403页。

中原文化对死者用棺椁和随葬器物一起瘗埋，对焚烧持非常鲜明的否定态度，视火葬、焚烧为大不敬，“古人之法必犯大恶则焚其尸”[1]。焚烧是对死者的最大不敬，历史上即使焚烧敌人尸骨也被认为是有违道德，必须受到谴责：

> 自释氏火化之说起，于是死而焚尸者，所在皆然。固有炎暑之际，畏其秽泄，敛不终日，肉未及寒而就爇者矣。鲁夏父弗忌献逆祀之议，展禽曰“必有殃，虽寿而没，不为无殃”。既其葬也，焚烟彻于上，谓已葬而火焚其棺椁也。吴伐楚，其师居麋，楚司马子期将焚之，令尹子西曰：“父兄亲暴骨焉，不能收，又焚之，不可。”谓前年楚人与吴战，多死麋中，不可并焚也。卫人掘褚师定子之墓，焚之于平庄之上。燕骑劫围齐即墨，掘人冢墓，烧死人，齐人望见涕泣，怒自十倍。王莽作焚如之刑，烧陈良等，则是古人以焚尸为大僇也。[2]

---

① （宋）程颢、程颐著，王孝鱼点校：《二程集》，中华书局，2004年，第58页。

② （宋）洪迈著，夏祖尧、周洪武校点：《容斋随笔》，续笔卷十三，《民俗火葬》，岳麓书社，1994年，第252页。

将火葬焚烧视为佛教夷狄风俗，正统中原文化对此非常排斥，认为是人伦之大僇，宋代曾立法禁止火葬。[①]《容斋随笔》这一段文字和前引《蒙古源流》中所表现的对焚烧与瘗埋态度相比较，可见农耕与草原地区截然相反的态度。不仅对死者，对随葬物品也是同样观念，中原皆主瘗埋而非焚烧。对死者的焚烧和对祭品的焚烧，其内在逻辑是一样的，草原旧俗视焚烧为贵礼，而正统中原文化在丧葬制度中特别忌讳焚烧。如果没有草原文化焚烧的传统，以及佛教提供的共识平台，以中原农耕社会内在文化逻辑的强大惯性，大概很难在观念上从瘗埋跨越到焚烧。

瘗埋与焚烧的二元对立背后是农耕世界和游牧世界对时空理解的差异，这种不同的理解造就了不同的文明形态。定居生活方式要求从时间序列获取合法性，持续定居耕作于同一空间就说明这一空间是被所有者的权力划定拥有的，从时间序列的祖先获取空间拥有权的合法性是必然的逻辑。瘗埋的先人骨殖就是源自祖先传承的空间拥有权——地权的最佳标识，农耕文明崇拜瘗埋骨殖的祖宗坟茔、家族墓地以及定期祭祀。古人对

① （宋）王稱：《东都事略》，“（建隆三年）三月丁亥，诏曰：王者设棺椁之品，建封树之制，所以厚人伦而一风化也。近代以来，遵用夷法，率多火葬，甚愆典礼。自今宜禁之。”孙言诚、崔国光点校：《东都事略》，卷二，齐鲁书社，2000年，第8页。

祖先坟茔的深厚情感和乡土认同感都与土地所有权相关联，这是建构在时间序列上的空间价值感和权力感，是被时间化的空间经验。农耕世界出于对土地拥有权的界定，需要将空间性转换为时间性，或者说要让空间性拥有时间性的标识，瘗埋祖先骨殖的先人坟茔就是将这一空间标识出时间性的关键。理解了时间化的空间，我们才能理解农耕文明对入土为安的注重和对先人坟茔的深厚情感。

游牧是空间性为主导的文明，牲畜拥有而非某块固定土地的拥有为其财富和地位决定性因素，而牲畜是移动的，它们附生在空间性上，从而界定了游牧文明空间性的拓展和弥散，以及由此带来贸易、商业和交换。真正的游牧世界，时间性是次要的，屈从于空间性，所以没有农耕世界精巧的历法。逐水草而居的游牧生活中，大空间范围的移动迁徙是常态，边界模糊、部落分合不定、组织稳定性不强，但拥有能够承载牲畜移动性的广阔空间就是权力。由于游牧方式依赖于广阔的牧场，其中广阔空间具有拓展性，空间性占主导，时间性的东西需要被重新编码到空间之中。焚烧，时间性的先人被“解散”到空间之中，成为弥散的空间性的一部分，理解空间主导性及空间化的时间，我们就能理解游牧世界对焚烧的崇尚。

如果说纸钱源于中原农耕地带，最初是用于瘗埋，是华夏丧葬文化中殉葬物品从实物到实物象征演变大趋势的一环，那么焚烧纸钱的使用方式则极有可能和草原风俗有关。由于纸钱焚烧后极难留下痕迹，我们也很难在考古遗迹中追溯古人焚化纸钱的源头，而文献对此记载也不明确。焚钱起源虽是个难题，但仍有一些蛛丝马迹可以帮助我们探寻纸钱焚化和北方草原风俗的关系。道世所撰成书于高宗总章元年（668）的《法苑珠林》引《冥报记》所记眭仁蒨与鬼官成景交往之事，其中言及冥钱使用风俗，《太平广记》亦收入此则。眭仁蒨与鬼官长史成景订交，成求取冥钱时说："鬼所用物，皆与人异。唯黄金及绢为得通用，然亦不如假者。以黄金涂大锡作金，以纸为绢帛，最为贵上。"[①]这里所言"黄金及绢"人鬼通用，不像后来观念中鬼只用纸钱，背后实际反映的是墓葬中实物和纸钱共存的现象。而"黄金涂大锡作金，以纸为绢帛"的"假者"最为贵，冥界中假的比真的还贵重的观念，反映了丧葬仪式中纸做的寓钱正在取代实物成为主流的历史现象。这个故事产生在初唐时期，估计这个时候也正是丧葬从使用实钱向使用纸钱过渡的时期，这个细节说明其产生时代比很多涉及纸钱的史料可能都要早。鬼官如何收取纸钱呢？"文本以所作金钱、

① 《法苑珠林校注》，卷六，《鬼神部》，《感应缘》，第1册，中华书局，2003年，第197页。笔者使用的为2018年加印版本，标点有调整。此则出于《冥报记》，《太平广记》卷二百九十七亦收录，文字有小异（见第6册，中华书局，1961年，第2365页）。

绢赠之，景深喜，谢曰……”以锡箔涂黄做的金钱、以纸做的绢帛，如何“赠”——传递给鬼神呢？这里没有说烧，但可以推测，锡箔、纸张做的寓钱，不烧如何传递给鬼呢？唐人描绘纸钱如何通过焚烧转换为冥中铜钱：辛察入冥，黄衫冥吏求贿：“乃指一家僮，教察以手扶其背，因令达语求钱。于是其家果取纸钱焚之，察见纸钱烧讫，皆化为铜钱，黄衫乃次第抽拽积之。”[①]焚烧与转换同时，烧一张转换一张，黄衫人“次第抽拽积之”很形象地呈现了纸钱在冥阳之间的转换。更为重要的是，眭仁蒨故事里说，这个泰山府君治下使用纸钱的鬼国地点是在黄河以北：

> 蒨即拜之。问：“公何人耶？”答曰：“吾是鬼耳。姓成，名景，本弘农人，西晋时为别驾，今任临胡国长史。”仁蒨问：“其国何在？王何姓名？”答曰：“黄河已北总为临胡国，国都在楼烦西北沙碛是也。其王即是故赵武灵王，今统此国，总受泰山控

① 《太平广记》，卷三百八十五，《辛察》，第8册，中华书局，1961年，第3073页。（美）柏桦分析了纸钱焚烧在象征意义上所代表的转换和升华，见其著，袁剑、胡鸿玺译：《烧钱：中国人生活世界中的物质精神》，江苏人民出版社，2019年，第91—101页。

摄……”[①]

此国名为“临胡国”，而成景的官职是“临胡国长史”，此国在黄河以北，国都在楼烦西北沙碛，勾画的地点都暗指此鬼国在北方农牧交接的绵长地带。所以纸钱焚烧可能有两个来源，中原农耕文化贡献了纸张做的寓钱，草原游牧文化贡献了焚烧的方式，两者在农牧交接的过渡地带会合，产生了纸钱焚烧祭祀亡魂的方式。最早的纸钱实物出现在农牧兼营的绿洲吐鲁番地区，正与这个以“楼烦西北沙碛”为国都所在的临胡国有交集，这些都不是偶然。至于说到此国君王为赵武灵王，是因为取了“胡服骑射”的典故，衣服制度从于胡俗，故为胡国君主。纸钱（中原）加焚烧（草原）这种在过渡地带产生的混合型风俗向南北传播，迅速风靡，成为唐代以降东亚及中亚部分地区各民族共享的传统。

余欣在研究吐鲁番巴达木唐代墓地木制冥币时指出：M244墓葬的2号干尸为男性，口微张，含波斯银币1枚，脸上覆面残朽；3号干尸为女性，眼盖葫芦木刻制的圆形冥币。木制冥币被当作眼罩来使用，而眼罩的使用与内亚草原葬俗关系密切，而同一墓葬中，口中含波斯银币与用葫芦木冥币眼罩一起

① 《法苑珠林校注》，卷六，《鬼神部》，《感应缘》，第1册，中华书局，2003年，第196—197页。

出现更加意味深长，游牧文化的特性非常明显。[①]在吐鲁番绿洲地区，纸钱（中原）加焚烧（草原）是一种融合方式的话，木制冥币（中原）加眼罩（草原）又是一种融合方式，这为焚烧纸钱起于农耕游牧过渡的绿洲地区的猜想提供了一个旁证。

第三节　寿生寄库中的草原文化积淀（二）：生命树崇拜

寿生信仰形成中，纸钱的焚烧是受到草原文化因素的影响，而在寿生信仰传播中，北方文化继续对其加以影响，其中“生命树”信仰这种典型的草原、森林文化因子融入寿生信仰就是一个例证。道教寿生经典《灵宝天尊说禄库受生经》有一个特别的情节，即以圣箭射宝树以卜贫富贵贱寿夭：

> 天尊言：吾昔赐宝树一株，付与酆都北帝，植于冥京，明查众生善恶果报。以圣箭三支、神弓三张给与得生人身男女，将此弓箭望宝树而射，射得东枝得官爵长命身，射得南枝得延年康健身，射得西枝得富贵荣华身，射得北枝得贫穷困苦身。如上之宝树者，

① 余欣：《冥币新考：以新疆吐鲁番考古资料为中心》，《世界宗教研究》2012年第1期。

乃是业镜果报之缘。若在生钦敬三宝，方便布施，设斋诵经，行种种善缘，及依吾教诵念此经，烧还禄库受生钱者，得三生为男子身。若复死亡，不经地狱，再复人身。酆都若以弓箭施为宝树，我以神力扶持，无使中于北枝，再得荣贵之身。若复有人在世坚贪愚痴，不信经法，负债不还，更相嫉妒，不念善因，惟恶是修，致使罪簿注名，天曹灭算；及负欠冥司受生钱财，在世不还，更相诳妄，死入地狱，万劫方生畜兽身。轮转果报，若复得为人身，再以神弓圣箭于宝树，自然果报射中北枝。既得为人，贫穷下贱，及不信善缘之报。①

冥府中投生为人者均以圣箭射宝树占卜贵贱，射中东、西、南枝都是富贵命，唯独射中北枝为贫贱。若偿还禄库受生钱，天尊以神力护持，使不中北枝；若不还，则受果报射中北枝，贫穷下贱。这部道教《禄库受生经》加入的宝树圣箭情节，佛教寿生经典没有这方面内容。后来，道书的这个情节也影响了佛教，黑水城文献《佛说寿生经》尚无此内容，南宋时候佛教灵验记中却已有了寿生射神树情节：信女张氏入冥查看

① 《灵宝天尊说禄库受生经》，《正统道藏》，第10册，新文丰出版公司，1977年。

寿生："恍忽如梦，见一人锦袍一指，乃靖王也，引入冥司受生院。见一大树，金光晃耀，军兵手执弓箭，有曾酬受生者箭发中树；未酬受生者则不然。今受生牒云'神弓箭发，一枝夙庆人天之会'，为是故也。"[①]当时寿生牒文已经言及神树，后代的寿生仪式文本有专门礼敬宝树神弓仪节："一心奉请：冥府司分职掌受生阶前宝树注贫穷案上经功而借贷"，"礼请冥府受生院掌△相第几库△司君并及库吏库子库孙宝树王子弓矢大神曹僚典吏一切眷属"[②]，宝树圣箭这里被人格化，称为"宝树王子""弓矢大神"，其来源正是《禄库受生经》。后来的寿生科仪描述宝树："宝树现，林株分，光辉宇宙。巍巍相，赫赫灵，通映碧潭"[③]，这里所描绘冥府崔嵬光辉的宝树形象就是源于萨满信仰中作为宇宙中心、生命来源的"生命树"。

这个宝树圣箭的情节与北方民族解释生命来源的"生命树"的神话非常相似。生命树在北方民族神话中广泛流行，情节大同小异，主题是说人的生命源于一棵巨大的神树。满族认为生命树就是柳树，柳树是始祖母神，后为育婴女神，称为

---

① （宋）普庵印肃撰，（民国）王徵士、周勋男新编：《普庵禅师全集》附录《普庵祖师灵验记·酬寿生异》，蓝吉富主编：《禅宗全书》，第67册，《语录部》三二，北京图书馆出版社，2004年，第376页。此材料从"鸡冠壶"（刘未）微信公众号《受生牒》一文中得到线索，网址：https://mp.weixin.qq.com/s/dlYiQ2XhwAdeu2_gmeKAUw。

② 《请寿生科》，《佛门生斋全套》，侯冲藏道光二十四年许清宁抄本。

③ 《填还库官忏全部》，韦兵藏民国抄本。

“佛朵妈妈”。满族萨满神谕中，流传着“柳叶生人”的传说，珲春那木都鲁氏神谕载：在很古很古的时候，世上还刚刚有天有地，天神把围腰的细柳叶摘下几片，柳叶下便长出了飞虫、爬虫和人，大地从此有了人烟。直到今天，柳叶上还好生绿色的小包，包里生虫子，就是那时候天神留下来的。满族人向佛朵妈妈求子，以柳枝或黄布制作“妈妈口袋”，祭祀之时取出口袋中的“子孙绳”，拴在柳枝上，摘下子孙绳上的彩布条，给家中小孩戴在脖颈上，意味得到佛朵妈妈保佑。这种仪式模拟了生命从柳树而来的神话。赫哲人有类似神话：天上生长着一棵巨大的神树，上面栖息了众多的“奥米亚嗄沙”，即状似雀儿的“魂鸟”，在投胎到母腹之前，它们都栖息在“魂树”的枝杈上。①

柳树崇拜起源极早，匈奴人“秋马肥，大会蹛林”，颜师古注：“蹛者，绕林木而祭也。”并以鲜卑人风俗来印证：“鲜卑之俗，自古相传，秋祭无林木者，尚竖柳枝，众骑驰绕，三周乃止，此其遗法也。”②颜氏认为匈奴、鲜卑都有祭祀神树的传统，鲜卑人祭祀时候选用的是柳树，和后来的满人相同，鲜卑人是从东北迁徙出来的，对柳树的崇拜应该是其旧俗。后来，中原

---

① 王松林、田佳训：《萨满文化和中华文明》，吉林大学出版社，2011年；《中国各民族宗教与神话大词典》，学苑出版社，1993年，第397页。

② 《史记》，卷一百十，《匈奴列传》，中华书局，1982年，第2892页。

地区也开始流行射柳，这是受了草原风俗的影响。

蒙古人对树木的崇拜和供祭，在《蒙古秘史》等典籍以及萨满祭仪中均有明显表现与记载。如供独棵树、繁茂树、“萨满树”、桦树、落叶松等习俗的产生，从根源上说，无不与树木图腾观念有关。《多桑蒙古史》中有树生五儿的传说：“一夕有神光降于树，在两河之间，居民往候之。树乃生瘿，若怀妊状。越九月十日而树瘿裂，得婴儿五人，土人奇而收养之”，其中最小的一个就是传说中畏兀儿祖先卜古可汗。又有一说：“二树之间，忽有小丘，日见增长，上有天光烛照。畏吾儿人进前礼之，闻中有音声，如同歌唱，每夜皆然。剧光烛照，三十步内皆明。增长既成，忽开一门，中有五室、有类帐幕。上悬银网，各网有一婴儿坐其中，口上有悬管以供哺乳。诸部落酋长见此灵异，向前瞻礼。此五婴儿与空气接触，即能行动，已而出室，畏吾儿人命乳妇哺之，及其能言之时，索其父母。人以二树示之，五儿遂对树礼拜。树作人言，嘱其进德修业，祝其长寿名垂不朽。其地之人奉此五儿如同王子……不可美而慧，较有才，尽通诸国语，畏吾儿遂奉之为汗。”[①]在这个版本中五儿不是生于树瘿，而是生在两树之间一个日益增长的土丘中，这是神树生子融合了于阗“地乳”传说的结果。

---

① （瑞典）多桑撰，冯承钧译：《多桑蒙古史》上册，第一卷，附录五《畏吾儿》，上海古籍出版社，2014年，第204—208页。

从五儿长大后，人指两树为其父母，五儿礼拜，树作人言祝福等情节可以看出，深层意义上仍是以树为父母的树生神话。这与戈拉登所著《宝贝念珠》称婴儿为天女所生并挂在树上的描述极其相似。而乌瑞夫人（Käthe Uray-Köhalmi）的研究已经发现萨满文化中地神和生命树关系很密切。[①]

乌瑞夫人在分析《蒙古秘史》时注意到生命树主题，阿兰豁阿死后，末子孛端察儿被诸兄排挤，不得参与家产分配，被迫离开，到别处结草庵而居，以鹰猎为生，将猎获的野鸭、野鹅挂在树上。乌瑞夫人引用克孜尔人和雅库特人的两个传说来类比这个细节，这两个传说也是讲部族的始祖被亲人驱逐，在外离群索居，以狩猎为生。克孜尔传说主人公把捕获的鸟兽头部和皮毛挂在树上，雅库特人传说的主人公则用捕获的禽兽毛羽、骨头装饰毡房。她进而分析了将猎物尤其是禽类挂在树上这一特殊细节包含的萨满文化背景。在埃文基人的信仰中，每一氏族都对应一条连接尘世与幽冥的特定河流，其成员的灵魂即沿该河在现实和灵界之间穿梭。河的源头有氏族树，树枝上栖息的鸟代表将要诞生的氏族成员的灵魂，氏族树由萨满的保护神猎鹰看护，以防灵魂鸟逃逸。类似的传说也存在于那乃人中。《蒙古秘史》孛端察儿的故事应该看作氏族萨满起源传说

① 钟焓：《乌瑞夫人北亚民族学研究的贡献与启示》，《重释内亚史：以研究方法论的检视为中心》，社会科学文献出版社，2017年，第265页。

的孑遗：作为孛儿只斤氏族祖先的他在猎鹰神的协助下，将猎取的灵魂鸟置于氏族树上加以看护。[1]

迦萨甘是哈萨克族神话中的创世神，他在大地中心栽了一棵“生命树”。生命树长大，并结出了茂密的“灵魂”。灵魂的形状如鸟儿，有翅膀可飞行。他又用黄泥捏了一对空心小泥人，晾干后在上面剜了肚脐窝，把气从小泥人嘴巴吹进去，一对小泥人就倏然站立，欢腾雀跃，他们就是人类始祖，男的叫“阿达姆阿塔”，意思是“人类之父”，女的叫“阿达姆阿娜”，意思是“人类之母”。[2]阿达姆 ādam意思是人、人类，这是一个察合台语中的阿拉伯语借词。

由生命树信仰衍生出来的契丹、女真民族的射柳风俗和《禄库受生经》中的宝树圣箭就更有类似性，辽国契丹人求雨的“瑟瑟仪”中有射柳活动及对柳树的崇拜：

瑟瑟仪：若旱，择吉日行瑟瑟仪以祈雨。前期，置百柱天棚。及期，皇帝致奠于先帝御容，乃射柳。皇帝再射，亲王、宰执以次各一射。中柳者质志柳者

① 钟焓：《乌瑞夫人北亚民族学研究的贡献与启示》，《重释内亚史：以研究方法论的检视为中心》，社会科学文献出版社，2017年，第257页。

② 《中国少数民族神话》（下册），中国民间文艺出版社，1987年，第729—730页。

冠服，不中者以冠服质之。不胜者进饮于胜者，然后各归其冠服。又翼日，植柳天棚之东南，巫以酒醴、黍稗荐植柳，祝之。皇帝、皇后祭东方毕，子弟射柳。皇族、国舅、群臣与礼者，赐物有差。①

“瑟瑟仪”用于祈雨，水是滋养万物生命的源泉，仪式中射柳、植柳的行为都有乞灵于生命树的意味。柳树在这里是主管生命的大神的象征，柳树崇拜和致奠先祖御容配合，都是向尊神和祖先祈求，希望风调雨顺，滋养生命。女真人也延续了这种传统：

……（重五日）行射柳、击毬之戏，亦辽俗也，金因尚之。

凡重五日拜天礼毕，插柳球场为两行，当射者以尊卑序，各以帕识其枝，去地约数寸，削其皮而白之。先以一人驰马前导，后驰马以无羽横镞箭射之，既断柳，又以手接而驰去者，为上。断而不能接去

---

① 《辽史》，卷四十九，《礼志一》，第3册，中华书局，1974年，第835页。关于辽金的射柳风俗可参考徐秉琨：《横簇箭与射柳仪》，《社会科学辑刊》1980年第4期；王承礼：《契丹的瑟瑟仪和射柳》，《民族研究》1988年第3期；王政：《元杂剧〈丽春堂〉〈蕤丸记〉与契丹女真人射柳风俗考》，《民族文学研究》2013年第1期。

者，次之。或断其青处，及中而不能断，与不能中者，为负。[①]

射柳仪式中，骑马射中断柳枝，以手接住为胜。这是模拟生命树神话，象征生命从母体树神分离出来，形成新的生命。《禄库受生经》宝树圣箭，基本上是对射柳仪式的模仿和再创造，生命树为造物大神所植转化为宝树为天尊所赐，植于冥中，射柳枝变为射树枝。和生命树解释生命来源不同，宝树圣箭没有去解释生命的来源，而是解释了人贫富贵贱差异的原因——射中不同方向的宝树枝叶。同为涉及生命起源的神话，生命树解释自然生命的来源，而宝树圣箭解释了社会性的贫富贵贱差异的来源。通过天尊所言，以纳还寿生为条件，可保不射中北枝，得富贵长命之身，这样宝树圣箭就和寿生信仰“嫁接”在一起。《禄库受生经》是由“组装”形成的复合文本，内部有两个系统，一个是填还冥债的寿生文本系统，内容和佛教寿生经典基本相同，另外一个就是嫁接进来的宝树圣箭文本系统，这是在北方辽、金地区传播时受到当地风俗影响而形成的。

生命树主题进入寿生经典，说明寿生信仰传播中吸收了

① 《金史》，卷三十五，《礼八》，第3册，中华书局，1975年，第826页。

北方草原森林文化的元素，辽、金社会中流行的射柳风俗是寿生经典中宝树圣箭情节产生的背景。寿生信仰在辽、金的流传中，被很多契丹人、女真人接受，他们在信仰过程中也不断把自己的文化因素加到寿生信仰之中，使寿生的文化内涵更为丰富。出土文献为我们展现了这种交融的细节，黑水城文献TK108V抄写在《佛说阿弥陀经》背面的一段文字，有残损，整理者将其命名为《阴骘吉凶兆》，其中有“上有神弓三张，圣箭九支”“福业树上取神弓”“若射得长命者三”“若射得西方”“珍重感贺注生财禄”“［冥］司寿生，身价伯文”等文句。[①]对照道藏本《灵宝天尊说禄库受生经》，所述正是道教寿生经典中的宝树圣箭情节，而这件残片就是某个版本的《禄库受生经》。虽然残缺，但基本还是可以看出，所述与通行道藏本大体相同，唯细节上有差别，如宝树之名，残片明言其为“福业树”；残片是三弓九箭，道藏本是三弓三箭，这可能与当时风俗有关，值得玩味。黑水城文献A-32《佛说寿生经》为金代抄本，我们估计TK108V残片同为金代抄本的可能性比较大，这就为寿生经典在辽、金地区的传播中吸收北方文化提供了出土文献的证明。这提示我们，《禄库受生经》在流传过程中，吸收了北方民族生命树信仰的影响，最终成书时，

① 《俄藏黑水城文献》，第3册，上海古籍出版社，1998年，第18页。

这部分宝树圣箭的内容被“嵌入”写定的文本中，标志着其中的北方草原、森林文化基因。[①]而这个带有北方文化基因的本子，其融合各种文化的过程一定是在辽、金地区的民间完成。后来这个本子影响力增大，再次回传中原，又被编入道藏，取得正统地位，成为法定道教经典。

寿生信仰的产生和传播都是多元文化互动交融的结果，其中有纸钱、牒文等中原文化的因素，也有焚烧、生命树这样的北方草原、森林文化因素。有理由相信，寿生信仰的主体要素——焚烧纸钱以享幽冥，这种混合型风俗形成于农耕和游牧的过渡地带，然后分别向南北传播，在北方地区形成以辽代皇家木叶山祖先祭祀为代表的烧祭传统——焚烧纸制甲马仪仗祭祀祖先；在中原地区纸钱焚烧也迅速风靡，取代了传统的冥钱瘗埋，开元年间焚钱祭祀已经进入国家祀典，为官方认可。大致在9—10世纪，以烧纸钱填还预存冥财为特点的寿生寄库信仰在四川或其他某个地区形成，并向外传播。寿生信仰北传过程中再一次融入草原、森林的文化要素，“生命树”信仰被吸收到寿生信仰中，形成了黑水城文献TK108V残片《禄库受生经》这种“嫁接”了辽、金传统的复合类型的寿生经典。这

---

① 姜守诚揭示另一部道教寿生经典《太上老君说五斗金章受生经》也有拼合的痕迹，是由两部相对独立的经典拼合出来的，见姜氏著：《佛道〈受生经〉的比较研究（上）》，《老子学刊》第九辑，2017年。

种复合文本再次回传中原，并成功地被收编入藏，升格为正统经典，这就是我们今天看到的道藏本《灵宝天尊说禄库受生经》。寿生经典形式中多元交融的特性是十世纪以来华夏世界多元融合在信仰上的一个折射。

第四节　常苦饥渴好索贿：嶽府曹官库吏

曹官库吏是寿生寄库信仰中的重要元素，根据科仪的解释，寿生贷还以及寄库存取都是在冥府十王、东嶽七十七司八十一案属下判官冥吏的主持下经手办理：

> 何谓之填还斋？以人于地道而入人道时，十殿判放毕，亡者移解泰山岱嶽，送交东嶽大帝案前，评定福果祸因，敕令受生院注录详明。七十七司八十一案核查天下各省府州县，某省某府州县归某司某案，送生入人道。投生者于某司典者、某案员弁，该欠受生钱若干贯，簿记年月日时、数目多寡。俟生人道后，备赀偿还，照数递缴岱嶽受生院。转令各案典者，验簿查收，填还之说，值是故也。[1]

---

① 《三教太极填还斋论》，《三教太极填还》，韦兵藏清刻本。

照这个科仪的说法，亡魂从地府解送东嶽后，要在各司各案，遍稽文簿，程序烦琐，所以需要量缴“手续费”。亡魂没有钱，欠下手续费，在投生以后归还，这就是寿生填还。这样，就把原来冥府要收的寿生钱理解为亡魂办理投生的手续费。投生要经过十殿、七十七司八十一案的每一殿、司、案稽查，所以还寿生也必须每一殿、司、案都还到，数量基本是每殿、司、案一贯，和《寿生经》中动辄数万贯比，数量不算多，可见确实是手续费。这个经忏按十殿、七十七司八十一案来填还，和《寿生经》按六十甲子来填还不同。这是经忏的后起说法，希望从道理上解决道德和程序的双重悖论：冥府居然要收钱，而催还的寿生钱又没有凭据。人们观念中通常认为冥府是公正神圣所在，敛财用来干什么呢？这是围绕寿生一直都存在的隐形质疑。将寿生理解为投生办理手续费，一定程度上解决了这个悖论。无论是《寿生经》按六十甲子还寿生，还是经忏按殿、司、案来还，其中判官典吏都是重要角色，甚至衍生出嶽府酆都掌握地府寿生权柄，“即剖一百二十之曹僚，分为二万四千之灵局”①，阴司僚员，人数众多。

《寿生经》后附有六十甲子生人所对应钱库，每库均有冥中曹官库吏掌管，各有姓名，不可记混。这种曹官库吏是

① 《填还仪范》，《预修填还》，韦兵藏清李信成抄本。

图一　库官、库吏纸马

寿生信仰的一个重要的要素。请曹官仪式中对冥府界内坚牢库中曹官的形象描述："头戴方袍（帽）真相邈，身穿一顶赤红袍。朝朝每向阎王殿，夜夜还归五台山""嶽府案上书美姓，琼琳库内注功勋"。[①]六十位曹官，不可能描述出每位的个性特征，当然是"真相邈"，只能是统一的方帽红袍形象。曹官之间唯一的区别就是他们的姓，"嶽府案上书美姓"，所以填还时候一定要写清曹官姓，才不至于混淆。库曹官执掌牒文公案，这也是其形象重要的标识，图像中库曹官手持或案上所置就是这类记载出入负欠的簿记文牒（图一）。

① 《请曹官科范》，《佛门生斋全集》，侯冲藏清抄本。

阴中鬼神，包括冥中官吏都常苦饥饿，世间人烧纸钱也要稍设酒饭，先享鬼神，免其抢夺，使冥财能够烧寄本鬼："鬼神常苦饥，烧钱时设少酒饭，以两束草立席上，鬼神映草而坐，即得食。"[①]杜光庭《道教灵验记》载成都张郃为了冥间冤对，烧钱三十贯，一张纸作一贯。此外，还要另外烧钱，用于打点冥司钱官库吏："其余库子、门司、本案一一别送，与人间无异。"[②]其中"与人间无异"尤其有意味，就是说这是世间通行规则，对冥府的想象是以世间为模板。到官府办事，打点胥吏是大事。

冥中官吏有些是亡魂充当，有些是生人充当，这种人白天是世间人，晚上在梦境里充当冥府官吏。《西游记》中魏徵既是朝廷大臣，又兼执行天条的人曹官，梦中斩龙，类似于此。太宗入冥故事里，类似生人判冥事情节在唐代已经流传：

> 唐太宗极康豫，太史令李淳风见上，流泪无言。上问之，对曰："陛下夕当晏驾。"太宗曰："人生有命，亦何忧也。"留淳风宿。太宗至夜半上，奄然入定。见一人云："陛下暂合来，还即去也。"帝

① （唐）戴孚撰，方诗铭辑校：《广异记·裴龄》，中华书局，1992年，第141页。

② （五代）杜光庭：《张郃奏天曹钱验（邛州、成都奏钱事附）》，《道教灵验记》，卷十五，《杜光庭传记十种辑校》（上册），中华书局，2013年，第300页。

问："君是何人？"对曰："臣是生人判冥事。"太宗入见，判官问六月四日事，即令还。向见者又迎送引导出。淳风即观玄象，不许哭泣，须臾乃寤。至曙，求昨所见者，令所司与一官，遂注蜀道一丞。上怪问之，选司奏，奉进止与此官。上亦不记，旁人悉闻，方知官皆由天也。[①]

太宗入冥见到的这个人既是冥中吏人，也是人间生人，此所谓生人判冥事的"生摄冥事"，孙英刚认为这是唐代的创新观念。[②]太宗还阳后酬谢此人，注官为蜀道一丞。当时人们的观念中认为生人夜间充当冥吏，在梦境中执行冥府公务：

唐于昶，天后朝任并州录事参军。每至一更后，即喘息流汗，二更后愈。妻柳氏将召医工，昶密曰："自无他苦，但昼决曹务，夜判冥司事，力不任耳。"每知有灾咎，即阴为之备，都不形言。凡六年，后丁母艰，持《金刚经》，更不复为冥吏。[③]

① （唐）张鷟：《朝野佥载》，卷六，上海古籍出版社，2012年，第69页。

② 孙英刚：《想象中的真实：隋唐长安的冥界信仰和城市空间》，《唐研究》第15卷，北京大学出版社，2009年。

③ 《太平广记》，卷一百四，《于昶》，第3册，中华书局，1961年，第700页。

于昶就是这种日决阳事、夜判冥府的人，他在冥府当值的时间是一更、二更时刻。杜鹏举入冥遇到的两个冥吏都是生人，一个绿衣吏是安州编户，预知杜将来会做安州都督，故先施敬愿；另一个冥吏叫韦鼎，亦是生人，在上都务本坊，自称向来有力，向杜鹏举祈钱十万，韦鼎还说："某虽生人，今于此用纸钱。"后来，杜返回阳间后访寻韦鼎，真有此人，但刚死了。[①]

虽然冥吏有一些权力和好处，比如于昶能预知灾祸，提前防备；绿衣吏是安州生人，预知杜鹏举要当安州都督，先致敬意，打点关系，也算是利用了"职务之便"获得的好处。但时人普遍认为阴司的职任不是好差事，于昶以持《金刚经》得脱冥中差事，似乎颇以此为幸。韦鼎、于昶这样的差事还算不错，属于冥差中的府衙吏职。从其上下交通、渔利其中的形象看，很像唐宋时代的将吏衙前或投名衙前，他们拥有吏人身份，是挂军职招牌的吏，可以出职为官，享有免税等特权，难怪韦鼎在冥中"自称向来有力"，敢于开口索贿十万。入冥故事中能够徇私舞弊，卖人情、改簿籍的冥吏很多是世间将吏衙前的折射。

冥吏虽然有特权，但在人们观念中并非美差，为什么不被

① 《太平广记》，卷三百，《杜鹏举》，第6册，中华书局，1961年，第2381页。

看好呢？这个差事缺点很明显：不仅劳累，而且缺钱、少吃。“幽冥吏人，薄福者众，无所得食，率常受饿。”[①]甚至鬼中尊官也不免饥饿，常告求于人求一饱：

仁蒨以此事告文本，仍谓曰：“成长史语我：‘有一事羞君不得道，既与君交，亦不能不告君。鬼神道亦有食，然不能得饱，常苦饥渴。若得人食，便得一年饱。众鬼多偷窃人食，我既贵重，不能偷之，从君请一餐。’”仁蒨既告文本，文本即为具馔，备设珍羞。蒨曰：“鬼不欲入人屋，可于外水边张幕设席，陈酒食于上。”文本如其言。[②]

幽冥官吏苦于饥饿的观念来源可能是佛教三途中的“饿鬼道”，也叫“鬼道”。饿鬼（巴利文：peta；梵文：preta），也就是我们说的死后变成的“鬼”，多是因为作下不肯布施、吝啬、偷盗、贪嫉、欺诳或见难不救等恶业，才投生到鬼道中。peta或preta是印度观念，由于汉译时选用“饿鬼”一词，

---

① 《太平广记》，卷三百四十六，《钱方义》，第7册，中华书局，1961年，第2745页。

② 《法苑珠林校注》，卷六，《鬼神部》，《感应缘》，第1册，中华书局，2003年，第196—197页。标点有调整。

其表达的形象性，一经采用，便产生影响，所以一般理解饥饿是鬼道的最大特点：“如《婆沙论》说：鬼中苦者，即彼无威德鬼，恒常饥渴，累年不闻浆水之名。”[①]而鬼道与地狱道还不一样，鬼道是受饥饿之苦，而地狱道中承受各种各样的酷刑折磨是常态。据《大乘义章》上讲：所谓饿鬼者，常饥虚，故谓之饿；恐怯多畏，故谓之鬼。此鬼类羸弱丑恶，见者皆生畏惧，穷年卒岁不遇饮食。安世高译经已采用“饿鬼”一词，“饿鬼道”虽是佛教名词，但一经采用，影响深远，由于这个翻译，民间将饥饿作为鬼道的特点，而“无粮常饿”则将“饿鬼”理解为饥饿之鬼。[②]《正法念经》云饿鬼大数有三十六种，每种都是造作恶因受报，有饮食艰难的祸患，比如：食火鬼是“由禁人粮食，令其合死，故受火烧嗥叫，饥渴苦也”；食水鬼是“由酤酒如水，以惑愚人，不持斋戒，常患燋渴也”；罗刹鬼是“由杀生命，以为大会，故受此饥火所烧报”；食风鬼是“由见出家人来乞，许而不施其食，因受此报，常患饥渴，如地狱苦也”[③]，饥饿为鬼道最大的苦患。

---

① 《法苑珠林校注》，卷六，《鬼神部》，《苦乐》，第1册，中华书局，2003年，第189页。

② 许蔚：《孤魂考——道教与中土佛教幽科中一种类型化幽灵的生成》，《中华文史论丛》2018年第4期。

③ 《法苑珠林校注》，卷六，《鬼神部》，《列数》，第1册，中华书局，2003年，第181—183页。

即使上引《眭仁蒨》中成景为冥府尊官，仍不免受饥，求告于人，更不用说其他冥府小吏。所以，入冥故事中冥吏求食索钱的情节很多：高员外入冥，见从前死去庄户在冥间充当小吏，被差与李藩当值，因高与李藩交往，所以借机向高员外乞求：“因曰：某饥，员外能与少酒饭钱财否？子城不敢入，请与城外致之。”[①]杜鹏举入冥还魂，冥吏送返，抓住这个外出机会，干脆让杜自己回去，而他却想找地方饱餐一顿：“吏云：‘某苦饥，不逢此便，无因得出。愿许别去，冀求一食，但寻此道，自至其所。’留之不可。”[②]杜苦留之，不可，足见饥苦不堪。鬼有个别名叫“希求”，就是因为常求食于人，《婆沙论》：“又希求名鬼，谓彼饿鬼，恒从他人希求饮食，以活性命，故名希求也。”[③]正是因为饥苦缺钱是鬼道的常态，无论贵贱都有此患，所以冥司官吏常于暗中徇私索贿：

> 岳州刺史李俊举进士，连不中第。贞元二年，有故人国子祭酒包佶者，通于主司，援成之。榜前一

① 《太平广记》，卷一百五十三，《李藩》，第4册，中华书局，1961年，第1100页。

② 《太平广记》，卷三百，《杜鹏举》，第6册，中华书局，1961年，第2381页。

③ 《法苑珠林校注》，卷九，《鬼神部》，《会名》，第1册，中华书局，2003年，第179页。

日，当以名闻执政。初五更，俊将候信，里门未开，立马门侧。傍有卖糕者，其气爞爞。有一吏若外郡之邮檄者，小囊毡帽，坐于其侧，颇有欲糕之色，俊为买而食之。客甚喜，啖数片。俄而里门开，众竞出，客独附俊马曰："愿请间。"俊下听之，曰："某乃冥之吏送进士名者，君非其徒耶？"俊曰："然。"曰："送堂之榜在此，可自寻之。"因出视，俊无名。垂泣曰："苦心笔砚，二十余年，偕计者亦十年，今复无名，岂终无成乎？"……客曰："能行少赂于冥吏，即于此，取其同姓者易其名，可乎？"俊问："几何可？"曰："阴钱三万贯，某感恩而以诚告，其钱非某敢取，将遗牍吏，来日午时送可也。"复授笔，使俊自注，从上有故太子少师李夷简名，俊欲揩之，客遽曰："不可，此人禄重，未易动也。"又其下，有李温名，客曰："可矣。"乃揩去温字，注俊字。客遽卷而行，曰："无违约。"既而俊诣信……俊愈忧之，乃变服伺信出随之。经皇城东北隅，逢春官怀其榜，将赴中书，信揖问曰："前言遂否？"春官曰："诚知获罪，负荆不足以谢。然迫于大权，难副高命。"信自以为交分之深，意谓无阻，闻之怒曰："季布所以名重天下者，能立然诺。

今君移妄于某，盖以某官闲也。平生交契，今日绝矣。”不揖而行。春官遽追之曰：“迫于豪权，留之不得。窃恃深顾，外于形骸。见责如此，宁得罪于权右耳。”请同寻榜，揩名填之。祭酒开榜，见李公夷简，欲揩，春官急曰：“此人宰相处分，不可去。”指其下李温，曰：“可矣。”遂揩去温字，注俊字。及榜出，俊名果在已前所指处。其日午时，随众参谢，不及赴糕客之约。迫暮将归，道逢糕客，泣示之背，曰：“为君所误，得杖矣！牍吏将举勘，某更他祈，共止之，某背实有重杖者。”俊惊谢之，且曰：“当如何？”客曰：“来日午时，送五万缗，亦可无追勘之厄。”俊曰诺。及到时焚之，遂不复见。然俊筮仕之后，追勘贬降，不绝于道，才得岳州刺使，未几而终。[①]

这段故事里，本来是宣扬功名利禄前定，阳间科名之事与幽冥中事情合若符契，但也可看出冥吏常怀饥苦，为了感恩一顿糕饼，就可以藉手中权力与冥中牍吏合谋，索贿三万贯，偷梁换柱，更改科举榜文，把在榜上的李温换下，换上行贿的李

① 《太平广记》，卷三百四十一，《李俊》，第7册，中华书局，1961年，第2702—2703页。

俊。值得注意的是，阳间的偷梁换柱和阴间的李代桃僵是同步的，先有包佶之流的“阳谋”才有冥吏之“阴谋”对应，冥阳之间合若符契，这是当时人的观念。阴间枉法索贿的冥吏其实是现实中国子祭酒包佶一类徇私枉法官吏的投影，正是现实中枉法的吏人比较普遍，才在人们观念中投射出冥司吏人徇私的形象。

烧寿生的冥钱必须经曹官库官过手登记造册入存，这种曹官库吏是寿生信仰中的重要角色，烧寿生都要在最后强调专门用钱打点曹官库吏，害怕他们从中作梗，导致麻烦，黑水城《寿生经》专门写明要另外烧钱给“本库官”等仙官冥吏各一百贯文。这些虽然是描写冥司中事，其实都有现实基础，宋代曹官库吏作梗刁难是当时比较普遍的现象：“后帝阅内藏库奏，有衙前越千里输金七钱，库吏邀乞，逾年不得还者。帝重伤之，乃诏制置条例司讲立役法。”[①]承役衙前的当是乡中富户，千里输金七钱，没能满足库吏邀乞，被刁难逾年不得返回。其来回费用和耽误中的花费必须自己负担，这过程付出的成本可能早已经超出所输金七钱，这样就给承役的人带来极大负担。难怪宋人常感叹衙前役重，许多额外负担就是官吏人为徇私刁难造成。士大夫也强调为官要禁戒吏人，避免为难交纳钱物的百姓，不要轻易强求退换。

① 《宋史》，卷一百七十七，《食货》，中华书局，1985年，第4299页。

且以牌、钞对照，使受纳数目明晰：“牌”是写明输纳数额的牌由，预先下发纳税人户；“钞”是官府出具的证明人户已经输纳过的文书。完税后，官府将完税证明盖章（打钞）后交付人户，同时收回预先发下的牌由（还牌）：“受纳，不阻滞人户为上。所纳之物，不必过当退换。绸绢上分明用拣子姓名印子，打钞用木牌子，文曰：‘得牌与钞，得钞还牌。’”[①]拣子是负责看验官库收纳财物的库吏，加盖其姓名印子，表示通过审核；牌、钞对照，避免多征少收。钱物收纳官库，拣子可以利用职务之便，以数目、质量等为借口刁难纳税人，所以士大夫要强调这些规范吏人行为的牌钞制度。

王安石变法，行仓法，给吏人施以厚禄，也律以重法，使“公人各知自重，不敢冒法”，希望能高薪养廉。而行募役法纳钱代役，目的之一就是交钱以求避开和官吏打交道，免得民人被刁难陷于罪过：“民未尝不畏吏，方其以行役触罪苦，虽欲出钱，亦不可得。”[②]变法收效如何，历来说法不同。宋代笔记中就有用烧纸钱来调侃变法者：“荆公以雱病，夜焚纸钱。平甫戏曰：‘天曹也行仓法？’时新立仓法，胥吏重禄者皆用

---

① （宋）李元弼撰，张亦冰点校：《作邑自箴》，卷四，《处事》，中华书局，2019年，第25页。

② 《续资治通鉴长编》，卷二百五十一，第26册，中华书局，1986年，第6130—6131页。

焉，人以为不便，故平甫讥之也。”[①]平甫为王安石之弟王安国，对行仓法厚禄吏人有意见。看见王安石给儿子王雱烧纸钱祈求天曹保佑康复，王安国联系到刚推行的仓法，讽刺王安石烧纸钱是给天曹吏人发厚禄。高薪养廉的仓法，宋代也未见得成功。不仅如此，库吏盗官钱也是当时一个严重的吏治问题：

库吏积年盗用官钱，因赂守者，事觉，株连系狱二百余人，公白尹许诖误者自陈，悉获免。[②]

（公）任建州崇安县丞，县库陷失缗钱逾数十千，公声色不为动，第责库吏限一月俾输。时建守魏邦达治有威严，欲逮系之，公启曰：“是无益也，积弊至此，愿听其所为，不效则置狱未晚。”既限满，果尽得之。[③]

库吏盗官钱，牵涉面广，积弊难返，处理起来掣肘之处

① （宋）孙升：《孙公谈圃》，卷上，《天曹也行仓法》，中华书局，2012年，第116页。

② （宋）范祖禹：《天章阁待制杨公墓志铭》，曾枣庄、刘琳主编：《全宋文》，第98册，上海辞书出版社、安徽教育出版社，2006年，第331页。

③ （宋）韩元吉：《韶州太守朝散大夫汪公墓志铭》，《全宋文》，第216册，第332—333页。

甚多，难以深究根治，主管官员通常也只有息事宁人，暗中让库吏补赔了事。这样低成本的犯法无疑助长库吏的气焰，朝廷也深知其弊。熙宁九年（1076），司农寺吏刘道冲等盗公库钱，牵连官员，被御史弹劾，朝廷严令深戒，力图杜绝此类隐患："戊申诏：司农寺不觉察公使库吏诈欺官钱，干连官吏并开封府元录问官吏，并送三司劾之。"[①] 仓法也是想解决这个问题，元丰二年（1079）诏："三司请应增禄行仓法人但有职事在手，如敢诈欺财物及借使钱物典质之类，罪赏并依仓法。"[②]宋元时代都力图从钱财入库收纳等制度上加以规范，防止库吏为奸：

> 每日催到官钱，至夜方有定数，已难入库，多是寄留廊头或公吏处，遂至侵贷移易，或有止以虚数影过者。其法合置两大柜，且与权行收锁，来早或躬亲或委官点数入库，不可因循。又须择家计稍温，行止稍明，有亲戚保识人充库子，每旬休与之点视，及将收支簿历驱磨。其库壁须用板夹持，十分坚固。待其

① 《续资治通鉴长编》，卷二百七十七，第20册，中华书局，1986年，第6778—6779页。

② 《续资治通鉴长编》，卷二百九十六，第21册，中华书局，1990年，第7200页。

欺瞒侵盗之后，虽断刺估籍，与夫抑勒众人填纳，亦无及矣。[1]

这里对官库收纳钱物规定详细，晚间因当日已经结账不能入库的官钱要设立暂时收存的大柜，次日专人清点入库，不能放在库吏私人手里，让他们有机可乘，转手移易，而以虚账应付，很多钱库侵吞就是这样产生的。对库吏人选要求既要家计还过得去，又要有人担保；库房墙壁要用板夹持，保持坚固；主管官吏旬休之时要亲自清点对账。这些细致的规定都是力图防止库吏为奸。宋代官箴对钱库官吏的选择有特别要求，“帑吏需择信实老成人，仍招有物力者委保。盖赋财繁夥，用之非其人，或至盗用无可追理。异时不过诬摊平人，有司不令均偿，则役无所从出，官帑有亏。若令均偿，则扰及亡辜，要须预防之可也”[2]，也是强调钱库吏人的人品和保人。库中钱物，出纳唯谨，宋代强调官钱支出，库吏不得犯手：

逐甲支钱，合除官钱若干，令甲头自数。在阶

① （宋）胡太初撰，闫建飞点校：《昼帘绪论》，《催科篇第八》，中华书局，2019年，第182页。

② （宋）陈襄：《州县提纲》，卷四，《帑吏择人》，《丛书集成初编》本，中华书局，1988年。

上，库子交数。其逐贯纽分，库子亦不得犯手，令甲头自俵。[①]

此段描述官库贷出和预买绸绢钱的情形，每甲总共发多少钱，让甲头自己算。库子（库吏）要在阶上把钱按数量给甲头。至于每贯钱按什么比例拆分给甲下的申请者，库子也不能插手，让甲头自己发放。无论是钱的发放和分配，都强调库子不能染指，一旦犯手，贷给百姓的钱物必然受损。而且钱贯交割按规定必须在大庭广众的台阶上，以示公平公开。连朝廷都担忧库吏侵吞，更不用说普通百姓对此的忧虑。寿生钱烧寄冥司，主管的曹官库吏也是另一种官府之人，谁也不能保证他们就会清廉奉公，人们也只有按世间官吏的形象来想象他们，办事情就必须得出钱打点人情，冥司也概莫能外。清人调侃掌管寿生钱的冥司曹官库吏："不见借得来，只见还得去，何物受生没凭据。盖库须一千，赠库要八百，惟有库官还做得。不如省却受生钱，将来买个库官缺。"[②]意思是上辈子借寿生的时候是光凭现在嘴说，又没有凭据，到底借没借，果然鬼才

① （宋）李元弼撰，张亦冰点校：《作邑自箴》，卷四，《处事》，中华书局，2019年，第26页。

② （清）程寅锡：《还受生》，（清）张应昌辑：《国朝诗铎》，卷二四，中华书局，1960年，第903页。

晓得，但还寿生却必须文牒钱财清楚，这一借一还差别太大，很不公平；这样不明不白的借钱还钱也就罢了，还得另外受盘剥，“赠库”是给钱打点曹官库吏，“盖库”最贴切的理解就是出“建设费”。阳光下无新鲜事，没有阳光的阴曹地府似乎也没有新鲜事，古往今来，人鬼两途，不都那么些事吗？

了解了世间胥吏的贪腐刁难行为，就会理解寿生仪式中对曹官库吏既要烧钱打点，又要恭敬礼请，酒肉酬谢的苦衷。寿生仪式中重要节目是迎送曹官，高潮是三奠美酒讨曹官欢喜：“初奠酒，琥珀珍，表意殷勤。愿王忻喜，鉴丹忱，自此预修功因后，福寿添增”“二奠酒，小桃红，满面春风。愿王来赴，鉴修崇，凤驾龙车临法会，喜气聪聪”“三奠酒，已周园（圆），暂住龙轩。画楼黄赞，贮金钱，愿王书笔标名字，益寿延年”。酒过三杯，曹官欢喜，“饮醉喜色匆然”“脸上桃红色然”，认同了所奏寿生寄库填还烧寄的项目数量，勾销文簿，高兴回归。

寿生烧了以后，斋主担心预存在冥司库藏中钱财是否安稳，所以要举行“探库”“查库”法事，发疏牒文到冥司，探访从前寄库冥财的收存状况：“曾于△年△月△日，仗释于居修过△道场斋筵，制备珍宝锞楮，装△箱△笼，亲身投寄△圣前宝库中收贮。今已△载，未能报答，特启发寸诚，恭伸探馁。惟祈善△△名下，阴财坚固，阳寿增新……特为告谕本殿掌预修案、寄库案功德司官，库中土地、库官、库吏、守库童子、知放神员析将△人，原寄△箱△笼，严加珍获，念住库中。俟至本人到来，诣案请领。”[①]官吏交替也会引起担忧，所以科仪中要强调：“倘若曹官库吏更迁，务要交过（割）明分，莫使两相推故”[②]，官吏交接，库钱账目应该交割清楚，避免日后推诿。以世间库吏的所为来揣度，当然不放心存在下面的钱财，所以僧道投合民众心理，搞出这套“探库”“查库”仪式。

此外，还有“换库”仪式。冥府官吏要轮换，前引《太平广记》中于昶当值六年，这也是源于世间制度。宋代库吏三年一易：“诸州通判、粮料官至任，并须躬自检阅帐籍所列官物，不得但凭主吏管认文状。主库吏每三年一易”[③]，三年轮换是为了防止久居其位，舞弊为奸。而寿生寄库系列斋醮仪式中，有一项名为“换库”，就是说冥司库官三年一易，到时候要重新做仪式，饯旧迎新。“换库”仪式的来源，就是现实世界中库官三年一易的制度。“先年仗善○○○填还、预修大斋一供，预寄受生红赞几百抬，阴牒投入冥府，阳牒执照。切

---

① 侯冲藏清代抄本《探库疏》，转引自侯冲：《中国佛教仪式研究：以斋供仪式为中心》，上海古籍出版社，第440页。

② 嬴世万辑：《佛门填还寄库定制集》，韦兵藏1922年嬴世万抄本。

③ 《续资治通鉴长编》，卷九，第2册，中华书局，1979年，第202页。

久岁月多期，诚恐库吏更迁，有无着托，今建斋筵，一一查明。”[①]探库、换库都是后来在社会现实基础上衍生出来的科仪，科仪越频繁、复杂，应赴僧道的生意就越好，他们当然有不断创造新仪式的动力。

第五节 “处处驱役常驰走”：冥界车夫力士

寿生寄库冥财焚烧以后还存在运输问题，今天叫“物流”。起初很简单，加个纸马纸人就可以解决物流运输问题，后来随着寿生仪式的成熟，搬运成为需要专门进行的一项仪式内容。从这个视角也可以考察寿生仪式成熟、衍生和复杂化的过程，这也是宗教信仰发展演变的通常趋势。

早期纸钱焚烧的史料中可以看到，解决冥财运输问题很简单，元和十二年（817），吴全素被召入冥问对，向其姨母托梦求钱打发阴吏：“（姨母）惊起而泣，求纸于柜，适有二百幅，乃令遽剪焚之，火绝则千缗宛然在地矣。二吏曰：‘钱数多，某固不能胜，而君之力生人之力也，可以尽举，请负以致寄之。’全素初以为难，试以两手上承，自肩挑之，巍巍然极

① 《查库斋意》，嬴世万辑：《佛门填还寄库定制集》，韦兵藏1922年嬴世万抄本。

高，其实甚轻，乃引行寄介。”[①]入冥中自己搬运钱物，这是最简单的方式，理由是幽冥物轻，以“生人之力”举幽冥之物乃易事。鬼物轻的说法很古老，宋定伯卖鬼的故事就有新鬼身重、故鬼身轻的说法。[②]

后来就渐渐看不到这种自搬冥财的例子，需要找人帮忙了。辛察入冥，黄衫冥吏求贿二千缗，家人焚钱后，冥财无法运输，于是找人去搬运：“（黄衫）又谓察曰：‘一等为惠，请兼致脚直送出城。’察思度良久，忽悟其所居之西百余步，有一力车佣载者，亦常往来。遂与黄衫俱诣其门，门即闭关矣，察叩之，车者出曰：‘夜已久，安得来耶？’察曰：‘有客要相顾，载钱至延平门外。’车曰：‘诺。’即来，装其钱讫。”[③]找来的这个车夫当然也是在梦境中完成搬运。这些是唐代的冥财搬运，不是入冥者本人搬运，就是在入冥的梦境中找人搬运，基本不会麻烦生人。这则故事应该是找车夫搬运冥财的较早例证，后来科仪中的车夫科就是从这里派生出来的。

宋代就有所不同了，冥财需要生人想办法搬运。余干洪

---

① （唐）牛僧孺撰，程毅中点校：《玄怪录》，卷九，《吴全素》，中华书局，2008年，第94页。

② 《宋定伯》，《法苑珠林校注》，卷六，《鬼神部》，引《列异传》，第1册，中华书局，2003年，第201—202页。

③ 《太平广记》，卷三百八十五，《辛察》，第8册，中华书局，1961年，第3073页。

崖乡嵰峎山民项明娶妻胡氏，死后幽魂复来，与项共处：“继言：‘吾父室庐损敝，拟造新居，求钱助费。’亟焚纸镪数百束，又云：‘钱甚多，无人辇送。’乃唤画工作两力人，既成，嫌其矬弱，复易之。俄告去，曰欲偕二亲治屋。”[①]阴间老丈人修房子，“赞助”都拉到了阳间，出了钱还要负责运送。画工画的力人就是专为负责辇送，按风俗把纸上画的力人烧掉就可以了，没想到力人画得矮小了，扛不动冥钱，又得重新返工绘制。如此周折，可见宋代人头脑中冥财搬运已经是一个需要应对的问题，这个趋势在宋以降的寿生科仪中发展出一套专门安排、犒赏冥财搬运车夫力士的仪式，称为《祭享神吏夫丁集》《夯夫科》《佛门填还预修请车夫科范》[②]等。这些仪式主要就是发牒文至城隍，请发阴中力士车夫搬运冥财，到斋坛聚齐点名，设宴犒赏，交付箱笼之时还要附带关凭路引，以备沿途通关所用，直至安稳运入冥中库司，经检视核对无误收入库中才算完毕。所谓“具筵设醴召神夫，清点无嫌姓字

① （宋）洪迈撰，何卓点校：《夷坚志》，支甲卷四，《项明妻》，第2册，中华书局，2006年，第739页。

② 《祭享神吏夫丁集》，陈仲远校辑：《广成科仪》，《藏外道书》，第14册，巴蜀书社，1994年，第359—360页；《佛门生斋全套》之《佛门填还预修请车夫科范》，侯冲藏道光二十四年许清宁抄本；《夯夫科》，侯冲藏1927年普济佛会堂抄本。关于车夫科仪的研究可参考徐靖焱：《道教科仪与民间信仰的互动——以广成科仪“祭享神吏夫丁”为例》，《宗教学研究》2019年第2期。

图二　车夫纸马（韦兵收集）

呼。满酌芳樽同畅饮，欣然运递入冥都”[①]，概括了祭享神夫力士仪式的内容（图二）。

一提到古代钱物辇送，首先浮现在人们印象中的就是《水浒传》中担运生辰纲的那一伙军汉，在寿生科仪中负责搬运冥财的力士车夫与之神似。这些力伕为城隍所管辖："恭焚真香，重伸（申）再请。城隍主者，社令诸司，委来车夫力士。人人有千家之姓，个个有千字之文。生前精壮汉子，死后作个神丁。或未尽于天年，或横遭于妖（夭）折。魂充力士，受阴府之驰驱。身作鬼兵，本属城隍所管。人人有千斤之力。个个

① 《祭享神吏夫丁集》，陈仲远校辑：《广成科仪》，《藏外道书》，第14册，巴蜀书社，1994年，第359页。

有七尺之躯。生前只有一双肩头。死后全凭两只精脚。”[1]城隍发来的力士车夫是鬼兵，冥间的身份也和担送生辰纲军汉的厢军身份类似，都是应差承担力役。科仪描写他们的形象是：“麻草鞋，纸草鞋，苏州梳袜。棕梭衣，篾斗笠，黑帽包巾。乌撒毡，皮裹肚，褡包钞袋。长布衫，短袄子，白裤蓝裙。待行理，青夹被，羊皮草席。青裹脚，花护膝，赛过操兵。铜锣锅，铁鼎鐀，盘缠饭来。盐酱菜，冷饭盒，各备随身。牢麻索，好打杵，俱要齐整。”[2]装束行头完全是那个时代役人脚夫的精细写照。除了车夫力士之外，据科仪要求这个队伍里还有督押神员、歌头号首，督押神员是负责押运的冥吏，相当于杨志的角色。酬谢车夫力士是寿生科仪中很有特点的节目，兼采上列各科仪，略叙如下：

（1）牒差力伕

向城隍发牒差阴中力士车夫前来搬运冥财，主斋者唱念：“恭焚真香，一心奉请，府县城隍主者、社令诸司，差来追资预修院管押督夫一员、运赍车夫神丁力士几员名降赴香坛，犒赏功德。受今。今则道场圆，法事云终，坛中所荐亡人○人名下，出给公据诰戒一套，资亡冥赍几扛。所劳神力，速行搬

① 《夯夫科》，侯冲藏1927年普济佛会堂抄本。
② 《夯夫科》，侯冲藏1927年普济佛会堂抄本。

运，资荐亡魂以生方，承仗善功而脱化。”[①]其中，关牒请城隍差来运送冥财的力伕外，还要有“管押督夫一员”，就是管理力伕的冥吏。斋会仪式中除上面主斋人唱念，牒请车夫力士外，还需要专门书写关牒，焚烧后递送城隍，请差力伕，相当于递送正式的关牒文据。这种关牒文据有固定格式，平阙格式仿照世间关牒文据，如明代寿生等科仪的《脚夫关》：

〇脚夫关搬运宜财到库官案投寄用

冥阳水陆大斋坛 今据 大明国 奉

三宝祈福修因信土度亡往生孝信某策以今月某日于某处修建某道场几昼夜作诸功德祈增福水荐拔亡灵会下马诚冥衣打凿钱串并金银钞锭封作一扛相 投寄冥府之神并者之神案下交纳预布津梁此寄库用冥府受生院知智可官案下交纳金书簿上勾消原贷之名玉历案中填注今还之字此还受生用等情本坛得此除已依科奉行法事外照得道场启建法事宣行所有打担须凭神夫搬运为此合行移文上达

地府掌神夫案主者案子乞于七金山拨发水脚搬运使者若干名于斋主某处听候于某宵发扛之时受享听点以便扛抬不得有违

① 《夯夫科》，侯冲藏1927年普济佛会堂抄本。

佛旨风火奉行须至关者 右关上达

地府掌神夫案主者施行[1]

"关"就是指关牒，行文通知冥府派力士押运冥财，主持僧道要念："金炉才热宝水香，瑞气腾云遍十方。遥望冥府伸奉请，车夫力士赴道场。"[2]七金山据佛经上说，是须弥山及铁围山间之七座山，其山悉由金宝所成，故有此称。这里的车夫力士被称为"七金山水脚搬运使者"，是冥府的力士役夫。"以此振铃伸奉请，车夫力士愿闻知。仗承三宝力加持，此日今时来赴会"[3]，佛力加持，外加冥府敕旨，主斋人振动法铃，就代表开地狱之门，关取车夫力士到斋坛。

（2）列队点名

主斋人问："车夫来否？""车夫齐否？"助手答："车夫已来。""车夫已齐。"然后主斋者点名："已来已齐，依次序列听点点车头万奉在，赵大在，缺二在，张三在，李四在，王雄在，任志在，全喜在，何契在，都老满在，戴为御在，董幺在。散夫

① （明）冰雪道人：《雅俗通用释门疏式》，卷九，《脚夫关》，早稻田大学藏楚南宝庆府宋三益堂重刊本。

② 《佛门填还预修请车夫科范》，《佛门生斋全集》，侯冲藏清抄本。

③ 《佛门填还预修请车夫科范》，《佛门生斋全集》，侯冲藏清抄本。

○百○十○名全在。”[①]被点到名的都是车头，车头下面领若干散夫。这些车夫力士的名字当然是杜撰，其中问答都是主斋人和助手完成，“依次序列听点点”，文中夹注小字“点”就是用于提示仪式节目，主斋人和助手此时就要表演点名和应答。

（3）雄鸡壮行

车夫力士是下力差事，需要胆力，临行以雄鸡血壮胆力：“点名已毕，序列两行。其有雄鸡，助尔威光。此鸡翅羽朱冠粲锦毛，声声鸣处类鸣皋。曾闻歃血立盟信，从事开樽奉酒醴。泉壤与伊添手采，幽途为尔增英豪。坛司一一来清赏，烈烈威风百倍高。”雄鸡只是取冠血，不宰杀。

（4）三献筵饯

车夫力士既要跋山涉水走远路，又要挑扛重物，是下力的苦差事，所以必须设筵席饯行犒赏，让他们吃喝好，才愿意效力。酒筵三献表微情：“斋主家，请你来，安排款待。贵与贱，贫与富，一样看成。做冥夫，要吃些，酸甜苦辣。出路人，要吃饱，不论斋荤。青白菜，熬豆腐，木耳干笋。椿（擂）生姜，捣辣蒜，芥末生葱。粘米饭，糯米饭，吃上几碗。唢哩嘛，清白酒，两盏三巡。赵州茶，衮（滚）白水，爽

① 《祭享神吏夫丁集》，陈仲远校辑：《广成科仪》，《藏外道书》，第14册，巴蜀书社，1994年，第359页。

心润口。热馒头，冷烧饼，恁你包行。”[①]和生辰纲的军健一样，吃是关键。犒赏车夫的斋筵是寿生仪式的重头戏，开斋筵也要向主盟的佛菩萨启请：“仰启阿閦道场主盟修奉今辰修斋布功信士△家下命我善众，于家修建瑜伽斋筵一供，通计旦夕法事自○日启科，追至△日住散，以今初二三宵摧破狱户，关取车夫力士，三声召请，讽经安位，端然而坐，疑（凝）听法音。”主斋人摇铃破狱门，车夫力士就可以出幽冥，临斋坛赴筵。“奠罢香醪酒，夫丁笑颜开”，车夫力士在斋筵中吃喝开心，这样才好向他们交代任务。[②]

（5）殷勤叮嘱

筵饯同时要嘱咐注意事项，范围很广，如不要私拆封皮，偷漏冥财；遇关津凭引通行，到驿站防火防盗，“到上关，就将水引展开，莫等时刻阻滞。下雨时，就将油纸盖着，莫等打湿封皮”。不要口舌生嗔，不要埋怨，“为公差，不自由，合当将就。莫烦恼，骂斋主，坏了名身。莫说长，休道短，在心忍耐”[③]。要和谐互助，不要挑拣推诿，“老人家，少担些，有气无力。后生辈，多担些，年少青春”[④]。“大车小车，从

① 《夯夫科》，侯冲藏1927年普济佛会堂抄本。
② 《佛门填还预修请车夫科范》，《佛门生斋全集》，侯冲藏清抄本。
③ 《夯夫科》，侯冲藏1927年普济佛会堂抄本。
④ 《夯夫科》，侯冲藏1927年普济佛会堂抄本。

头装载。长担短担,一应安排。休推张三李四,莫论钱二董幺。有些威风,方为壮士"①。路遇黄泥岗"晁盖之流"打劫强神,还要齐心协力抗击,保护冥财安全:"路途上,要商量,同心合意。遇强神,来挞抢,大小齐心","若遇强神来挞抢,劈头劈脑几楄担"②。既有鼓励劝慰,也有警示提醒,可谓考虑周到,用心良苦。

(6)交割宣引

筵席饯行,酒过三巡,力伕准备出发。主斋人交割、宣引,将冥财箱笼、清册,以及一路通过关津所需水引关凭,及冥司交割所需文牒交付督押冥吏:"太上玄元皇帝法令:所有寄奉○○钱财○百○十○箱俱已标注字号,汇造清册,仰而神吏,督率夫丁。运赴○府掌○○相○八功德案,该曹案下缴纳分明","尚恐关津有阻,为此出给引文一张,以为凭据,仰烦执事,当坛宣给"③。《夯夫科》之酒筵三献之后有小字夹注,提示主斋人宣引:"祭赏神夫,酒行再献。上来三献以毕,礼不重斟。今有水引,表白朗宣。引文宣读以周,书录合

---

① 《祭享神吏夫丁集》,陈仲远校辑:《广成科仪》,《藏外道书》,第14册,巴蜀书社,1994年,第360页。
② 《夯夫科》,侯冲藏1927年普济佛会堂抄本。
③ 《祭享神吏夫丁集》,陈仲远校辑:《广成科仪》,《藏外道书》,第14册,巴蜀书社,1944年,第360页。

同，印信封号明白。”[①]“引”是通过水陆关津的通行证，明代寿生科仪《水引》格式：

〇水引

冥阳水陆大斋坛 今据　大明国　奉 佛

植福信士度仁孝信某策以今月某日于某处使释修建某道场几昼夜专为□布建梁荐拔亡灵等情于日对觉皇座下封印冥材其几扛仰烦地府七金山发到水脚搬运使者共若干名扛抬至地府某库某曹官案下交纳若受生则书阴府受生院某库交纳

以填完贷之名所有冥扛逐一开具于后

|冥财一扛交付亡故某人名下收纳

|冥财一扛交付故某公名下收纳

在冥关门上一应关津把隘去处毋得关当拖延及损坏封印揩磨踈失等事并□遵依

佛旨风火奉行须至引者　右引给付七金山搬运水脚力士其几名沿途照验　准此[②]

科仪中交割、宣引也是一个重点，都要由主斋人宣唱出

① 《夯夫科》，侯冲藏1927年普济佛会堂抄本。

② （明）冰雪道人：《雅俗通用释门疏式》，卷九，《水引》，早稻田大学藏楚南宝庆府宋三益堂重刊本。

来："三奠酒要箦竹罨不必留连，推车挑担~~运阴钱库箦分明交割了□□□□" "上来三杯，酒罢盏落归台，今有文引□□宣读"[①]，"挑担"二字后的"~~"是声腔的提示。宣引后还有再次叮嘱一路注意事项：

上来文引宣读以周，嘱咐车夫力士，放在袋里包藏，切莫纸墨破坏。把隘去处须防，行路务要等件。到晚一处同歇，各人整置箦罨，不劳自己拴结。如有关津渡口，总甲向前开说。便将文引批照，里头印信明白。前有瑜伽大教，后有皇上年月。阇黎亲手画字，更无半点差撇。印信便有封皮，受生亦有文牒。即便验引放行，挑起箦罨休歇。到了阴司地府，务要交割明白。五道将军欢喜，放你十天半月。匾担上肩，推运钱财。路途谨慎，不可留连。收拾路引，各领盘缠。听我嘱咐，记在心怀。[②]

宣引这个节目代表主斋人在酒筵后和督押冥吏交割相关箱笼、文据，交接清楚以后，冥财箱笼、清册、水引、牒文合

① 《佛门填还预修请车夫科范》，《佛门生斋全集》，侯冲藏清抄本。

② 《佛门填还预修请车夫科范》，《佛门生斋全集》，侯冲藏清抄本。此处所言"瑜伽大教"就是水陆斋供，"阇黎"即主持斋会的应赴僧道。

同这些东西都要运赴库场焚化，“所望神夫齐着力，急忙搬在火中焚”[①]。佛菩萨证盟，念诵《库场化赞语》：“谨请南方火德星，巳午丙丁未灵神。重重点着三昧火，楮财化作宝和金。”[②]焚烧代表纸钱锡锭转换为金银铜钱，交付车夫力士，而文据也为督押冥吏领收。最后就是犒赏，为了避免力伕借故拖延，要赶紧给赏钱打发车夫力士上路：“所据米豆盐茶路费钱财，尔等收之。”[③]“一双草鞋几贯钱，斋主与你作盘缠。得人钱财多欢喜，出门唱个啰唎运。张大哥，李大哥，落在场中没奈何。钱财草鞋挞发你，大家唱首太平歌。”[④]

酬谢车夫是斋会仪式中比较活泼的部分，轻松调笑的内容可视情况而灵活加入。三献酒礼后，意犹未尽，“筵中若有会唱者，式（试）歌一曲，取乐片时。再奉数杯，聊表孝信敬诚”，此时要歌咏春夏秋冬四时景物，以助酒兴。酬谢车夫的高潮是仪式末尾，道士要把斋会中的各色人等，包括他自己，全都调笑一番，所谓“赏祭车夫略戏耍”。其文辞幽默有趣，故虽篇幅稍长，仍照录于下：

---

① 《夯夫科》，侯冲藏1927年普济佛会堂抄本。

② 《佛门填还预修请车夫科范》，《佛门生斋全集》，侯冲藏清抄本。

③ 《祭享神吏夫丁集》，陈仲远校辑：《广成科仪》，《藏外道书》，第14册，巴蜀书社，1994年，第360页。

④ 《夯夫科》，侯冲藏1927年普济佛会堂抄本。

车夫力使莫慌忙，听我道士说言章。相请列位无别事，今夜扛箦见阎王。

请得车夫笑嘻嘻，今日即来两爷子。贤东箦大扛不起，尔要转去请军师。请到军师两夫妻，扁担就在门廓里。

蔑匠打箦果系（稀）奇，看得一块大猪皮。蔑匠天晴蔑串起，落雨拿来做鞋底。

篾匠徒弟笑嘻嘻，今夜祭赏一只鸡。篾匠快快拿得去，免得肚中生了气。

车夫真姓郭买办，抠得红布果是薄。列位道士都不要，转奉买办做裸（裹）脚。

香灯牙子相如天，边偷油来边装灯。油筒藏在库囊里，打坏裤头大半边。

掌库的△先生，昨日奉包好福烟。列位道士吃一口，大（打）嗝吹到庙子边。若然不肯信本保，△庙菩萨做见证。

总管先生是老手，□承东主是好酒。人客食醉多欢喜，辞谢东管三拱手。

车夫都是临江人，扛起箦子向前行。撞着两个大头鬼，丞相总管两爷子。

总管师傅是老手，车夫请尔来食酒。食酒又华

（划）三四拳，车夫和尔两仝（同）年。

造钱师傅心要虔，打纸造钱要方圆。若有纸破并缺烂，东主不肯算工钱。

造钱师傅心要虔，手中打纸心想钱。偷到此钱无用处，待留百年往西天（明日去买田）。

科仪纸马要明白，妆严衣幡要鲜色。若有减省及模糊，工钱来年方可说。

厨官师傅墨墨黑，办出斋菜凡（弗）食得。明日早晨无（如）此样，先剐鼻子再割舌。

打斋师傅打得好，四只一盘张（装）不到。有日阎王来取命，扛到厨子路上跑。

一只鸡子墨墨乌，今日拿来祭车夫。篾匠就想捉得去，气得孝子口妒妒。

杂办师傅闲勺勺，食起饭来七八棹。食里饭，东一遛，西一缩。夜里听得碗筷响，撞破头面伤手足。

厨子老官真□博，封斋肥肉藏在碗厨廓。猫仔走来拖上屋，气得孝女哀哀哭。

车夫身姓阳，打锣牙仔也平常。花噪（哨）锣鼓不会打，只会打个当咚嗙。

打锣矮子背跎跎，拿条扁担挑担锣。走上法坛无别字（事），想偷斋子供老婆。

列位师友真莫怪，登山涉水到此来。道士未作香火田，今日功据已多钱。

道士真人符法灵，上迎下请不曾停。□钱讨个好老婆，头发鬅松喊歌歌（哥哥）。

△家贤东真大方，功据包子做一箱。乐官师傅无包子，气得面乌口尺长。

车夫面前一把伞，又无伞衣光是眼。今晚夜里天下雨，督得杂办头面答答湿。

车夫生得眼鼓鼓，一生好食好嫖又好赌。……[1]

斋会前面部分都是迎请上界尊神、表章疏奏嶽府威灵，必须恭敬虔诚。几天斋会下来，与会者都很严肃紧张。祭赏车夫时，斋会已经接近散满圆满，通过这些调笑，调节大家情绪，也提醒大家斋会将结束，要从肃穆虔诚的状态中走出来，迎接日常生活的到来。车夫力士是冥中苦力，地位比较低，可以作为调笑的对象，他们在斋会中的角色功能，一个是吃喝欢宴，另一个就是起到了幽默放松的作用。《西游记》中猪八戒负责挑担子，其实也是车夫力士的角色，他在小说中贪吃、偷懒、好色，与科仪对车夫的调侃一样。同时，八戒也在小说中承担

① 《阴阳祭赏车夫科》，韦兵藏民国抄本。

幽默调笑的功能，也与科仪中车夫的功能一样。这一点又为思考《西游记》与斋会科仪的关系提供了一个视角。

由于方言记音的关系，上面这段文字少数地方意思不大清楚，有的幽默很曲折，需要回味才能明白。比如说总管师傅与车夫是同年，车夫都是幽冥中的陈年死人，说总管师傅是他们的同年，其意思当然就很明显了。造钱师傅偷纸钱准备去买田，香灯师傅偷油打湿裤子，杂办师傅半夜偷吃，弄翻碗筷砸伤头面手足，厨子偷藏的肥肉被猫拖到屋顶上，道士也调侃自己抽大烟熏到了庙里的菩萨，上蹿下跳请神，挣钱娶老婆……这些都很幽默传神，有画面感，道士一一宣唱出来，参与斋会者听到这些调侃身边人的唱词，一定笑声一片。端公道士在斋会中调笑众人，从前农村也有很多调笑端公道士的段子。比如，一次端公做完法事已经半夜，背篼里装上法事中使用的鸡公准备回家（川东一带法事中杀的公鸡，按惯例归端公所有），结果被人开玩笑在背篼后面拴了一对笋壳。端公一路上都听见背后有声响，心里犯嘀咕：鬼已经送走了的啊，今晚咋个跟到我来了？！[①]

虽然科仪中这个环节充满欢饮调笑，但实际上物质辇运在古代一直是重役，是官府强制百姓提供的运输服务。幽冥是

① 此为笔者听母亲所讲从前她老家四川乐至流传的端公故事。

现实的投影，阴间承担这种差役，也是令人困苦不堪的："贞观中，长安城西澧店人葬父母凶具甚华。一二年后，忽见亡弟来，容貌憔悴，言为兄厚葬父母之故，被差为林皋驿马袛承，困苦不堪，故来请兄代。兄大惊惧，更多与纸钱，遣努力且作。其后数月，又见弟来云：'袛承不济，兄遂不免去。'其兄应时而卒。"[①]估计这是因为厚葬父母，所以按资财在冥中被划为上户，上户要承担比较繁重的差役，比如这里的"驿马袛承"，是负担官府的驿站，负责过往官员的厨传交通、官物的发纲运输，非常类似五代宋初的乡户衙前。这和前面的身份是吏的将吏衙前不同，是乡间富户承担的很繁重的职役。宋代文献中有很多反映这种乡户衙前因负担繁重导致破产的记载，这里在冥间承担驿马袛承差役，困苦不堪的人家，其实是现实中乡户衙前的折射。上述科仪中被点名的车头，可能就是承役的人户，他们必须组织雇佣人完成官府摊派的辇送差役。

车头下面普通车夫力士就是更底层的鬼魂，冥府的苦差事要很具体地落在他们肩上，负重驱驰，不过求一饱而已，其实正是世间百姓受差承役的痛苦写照。《水浒传》中挑运生辰纲的厢禁军一语抱怨，道出他们内心的感受："我们不幸做了军健，情知要被差出来……都是一般父母皮肉，我们恁的

① 《太平广记》，卷三百二十八，《澧店人》，第7册，中华书局，1961年，第2602页。

苦！”为了避免他们偷懒耍滑撂挑子，安抚叮嘱这些下力的车夫力士很必要，专门的科仪就形成了。科仪中仍然要叮嘱车夫“多用斋果茶饭，不可贪饮酒浆。酒是癫狂之水，恐怕一时慌张”[①]，看来和黄泥岗上杨志的担忧一样。

在幽冥中做鬼，受驱役之苦，这是宿业所定。佛教认为，“被驱役，故名鬼。恒为诸天处处驱役常驰走故”，鬼的得名就是因为常被驱役驰走。冥府之中，被差为车夫力士，奔走驱役，也是鬼趣众生无法逃避的宿命。

---

① 《犒赏仪范》，《预修填还》，韦兵藏清李信成抄本。

第三章　共享的精神世界：从出土文献看十—十三世纪以来宋、金、西夏地区的寿生信仰

十世纪前后，寿生信仰兴起，成为第二个千年里整个东亚地区流行的新风俗。其形成过程中已经将南北风俗融合，故适应性极强，传播跨越了农耕和游牧的界限，成为各族群共享的精神体验。加之这一信仰是第二个千年中国社会文化转型的产物，更能适应唐宋以降社会文化诸多层面的变化，所以十世纪以来宋、金、西夏地区都流行寿生信仰。近年刊布的数件十—十三世纪的出土寿生文献生动地反映了这一信仰在广阔地域的传播和流行。

寿生寄库烧赛纸钱，预荐冥福，影响较大，《寿生经》及由《寿生经》衍生的各种宝卷、科仪尚有多种，在民间广为流

传，很多地区至今仍存有烧寿生的风俗。黑水城文献A-32金代抄本《佛说寿生经》比《嘉兴大藏经》《卍续藏经》各大藏经收入的刻本早很多，[①]弥足珍贵。这件金代抄本寿生科仪，为追溯寿生仪式早期形态提供了有力证据。北京德宝2009年拍卖的一件《明道二年（1033）福建路建阳县普光院众结寿生第三会劝首弟子施仁永斋牒》（以下或简称“建阳文书”）（图一），是宋代寿生仪式阳牒实物，与黑水城文献A-32《佛说寿生经》（图二）及后来传世的寿生疏牒对读，可以追溯寿生信仰早期的情况及其演变发展。2014年11月23日的北京德宝古籍秋拍又有一件西夏文《寿生经》，这件带彩图的经折装刻本在雕版式样上与明代汉文寿生刻本颇多类同，是从某一汉文刻本翻译为西夏文，版式插图也尽袭汉文式样。[②]这些出土文献为我们认识作为一种共享精神世界的寿生信仰在宋、金、西夏地区的传播流行提供了第一手资料。

---

① 《俄藏黑水城文献》，第5册，上海古籍出版社，1998年，第317—337页；入藏的《佛说寿生经》收录于：《卍续藏经》，新文丰出版公司，1994年，第87册；《嘉兴大藏经》，新文丰出版公司，1987年。黑水城文献A—32金代抄本《佛说寿生经》与藏经本《佛说寿生经》字句相异，但内容大致相同。这类民间盛行的伪经，流布中产生传抄之异当属自然。

② 《明道二年（1033）福建路建阳县普光院众结寿生第三会劝首弟子施仁永斋牒》见方广锠、侯冲两位先生的录文、释读（侯冲：《中国佛教仪式研究：以斋供仪式为中心》，上海古籍出版社，2018年，第439页），也感谢仰宋堂惠赐高清照片，得以参考校订。西夏文《寿生经》采北京德宝拍卖网站刊布的照片释读。

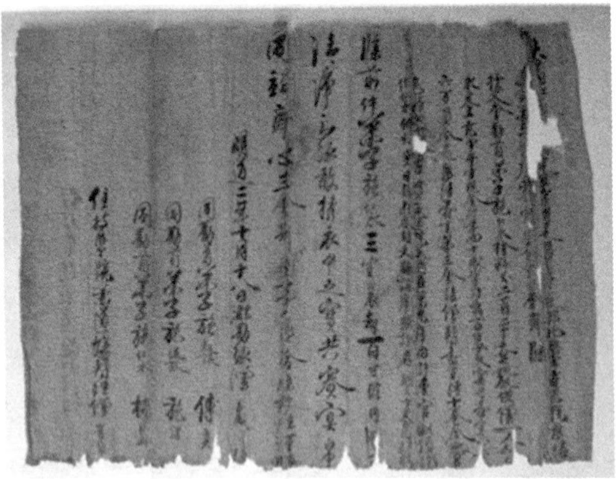

图一　明道二年（1033）施仁永寿生斋牒

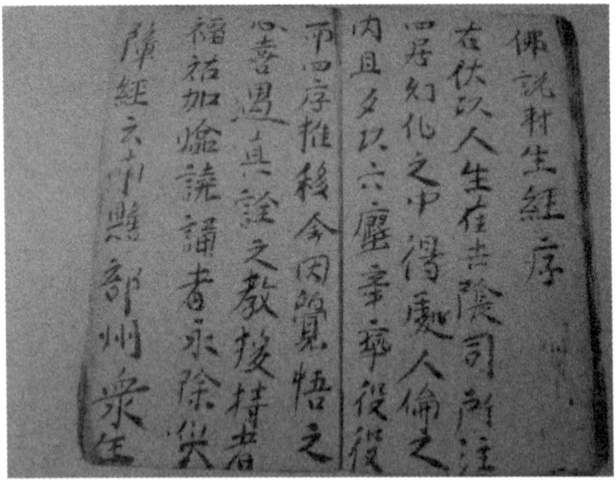

图二　黑水城文献A-32金代抄本《佛说寿生经》

第一节　黑水城文献A-32《佛说寿生经》录文

黑水城文献A-32为金写本，线订册页装，未染麻纸，内容依次为《演朝礼》《梁武忏》《阴司鬼限》《推定儿女法》《佛说寿生经》《延寿真言》《大金国陕西路某告冥司许欠往生钱折看经品目牒》，它们其实是一个整体，共同构成一部寿生科仪。[①]现将俄藏黑水城文献A-32核心部分《佛说寿生经》录文如下：

佛说寿生经序/

右伏以人生在世，阴司所注，/四居幻化之中，得处人伦之/内。且夕（昔）以六尘牵挛役役，/而四序推移；今因觉悟之/心，喜遇真诠之教。授持者/福祐加临，读诵者永除灾/障。经云：南瞻部洲众生/惣

① 此册当为一个整体，是寿生信仰的科仪文本，整理者在文献划分和命名中存在不妥当的地方，需要指出调整：《演朝礼》和《梁武忏》是诵经前的请神拜忏；然后紧接《佛说寿生经》，而整理者单独命名的《延寿真言》及《告冥司许欠往生钱折看经品目牒》中前半部分“十二相属六十甲子生人欠受生钱数、诵经卷数、所纳冥司库号及曹官姓名”实为《寿生经》一部分，不当单列；后半部分“奉填还……”以下为一件烧赛寿生的牒文文检，应该单独拟题为《烧醮冥司寿生牒文》。唯《阴司鬼限》《推定儿女法》两篇为杂抄的算命文字，与寿生经文科仪关系不大。

（总）十二相属，受生来时，/县（悬）欠下本命受生钱数，若/今生还足，再世劫得为人，无/苦有乐，若世不还，坠堕冥/债，后生恶道，设得为人，/贫穷诸衰，有苦无乐。所/以佛运慈悲，转经折还，此不妙哉？

佛说寿生经/

如是我闻，一时佛在毗耶离/城，音乐树下，与八千比丘/诸菩萨四众等说利益/法门，尔时阿难曲躬合掌而/白佛言："世尊，南瞻部州/众生有贵有贱，有贫富/，有寿有夭，此等不知因何所/致？唯愿世尊，分别解说。"佛/告阿难："南瞻部州众生受/生来时，各于十二相属五等/库下借讫本命受生钱/数，省记者还讫元欠，作诸/善事，得贵得富得寿，/若不还冥债，不种善根，得/贫得贱得夭。"阿难白佛言：/"富贵之人以钱还纳，贫穷/之人时阿还纳？"佛言："吾有妙/法，贫穷之人，无钱还纳，已/转《金刚经》亦令折还钱/数。若善男子善女人，生实/善心者，转经文，两得利益，/贵富寿长之因也。若居贫穷，/无有善心，不还冥债，不转经/文者，睡中惊恐，梦异不详，魂/离魄乱，时与亡人语话。又有/一十八种横灾：一者远路陂泊，/恶人窥等灾；二者旷野雷雹/沌雨灾；三者渡河行江落/塌灾；[1]五者火光无避灾；六者/身现血光灾；七者淹廷劳病/灾；八者大（瘫？）癞病灾；九者咽喉/闭塞灾；十者坠崖落马灾；/十一者中毒车碾灾；十二者虫/咬刀伤灾；十三者邪鬼魅惑/灾；十四者刑狱杖楚灾；十五者/卒中暴疾灾；十六者恶人连/泪（累）灾；十七者投井自系灾；十八/者官事缠绕灾。若人还纳了/受生钱者，免上件一十八种横/灾，又得十大菩萨常行拥护，/其名曰长寿王菩萨磨诃/萨、延［寿］王菩萨磨诃萨、增福/寿菩萨磨诃萨、除障菩/萨磨诃萨、观世音菩萨/磨诃萨、长安乐菩萨磨诃/萨、长欢喜菩萨磨诃［萨］、解冤/结菩萨磨诃萨、福寿王菩/萨磨诃萨、地藏王菩萨磨/诃萨。”佛告阿难：“若善男子/善女人者，转经文还纳了/受生钱，得长命富贵，又得/十大菩萨之所护持，亦得/一切诸星福曜、本命元神、家/宅土地降吉迎祥，又有金星、/木星、水星、火星、土星、太阳星、/太阴星、罗睺星、计都星、紫/炁星、月孛星、行年星、注禄星/等除灾兴福。或

① “三者渡河行江落/塌灾”有漏字，缺第四者，据传世文本校订，当为“三者，渡河行江落（水灾），/（四者，墙倒屋）塌灾”，可能是当时抄写者漏掉了。

有前生冤/业，宿世恶缘，息皆消灭。四/时有度，八节无灾。焚烧纳/受生钱时，分明并说，漏贯/薄小，纳在库中，管收付，至百/年命终之后，七七以前，更烧/取受生钱经，兼救三世父母，/七代先亡，九族冤魂，皆得升/天。儒流、道士、僧尼、女冠，贵贱/俗辈，还讫受生钱者，受生/三世富贵；不还受生钱，不看/受生经者，难得人身，若得/为人，瘙残丑陋，喑痖盲聋，/衣不弊（蔽）刑（形），食不充口，人所恶/贱，不能自在。”佛言：“若听吾语，/信我说者，如前所指，皆实不/虚。”时诸天龙、人非人等，闻佛所，/涕泪悲泣，作礼而去。/

佛说寿生经　延寿真言/

天罗咒，地罗咒，日月黄罗咒，/一切冤家利我身，磨河般若/波罗蜜。一解冤经，二延/寿真言，三灭五逆之罪。诵此/经免地狱之罪，使得生天不/虚矣。十二相属子生相：

甲子，欠钱五万三千贯，看经十七卷，纳弟三库，曹官姓□。

丙子，欠钱七万三千贯，看经二十四卷，纳弟九库，曹官姓王。

戊子，欠钱六万三千贯，看经二十一卷，纳弟六库，曹官姓尹。

庚子，欠钱十一万贯，看经三十五卷，纳第九库，曹官姓李。

壬子，欠钱七万贯，看经二十二卷，纳第三库，曹官姓孟。

乙丑，欠钱二十八万贯，看经九十四卷，纳第十三库，曹官姓田。

己丑，欠钱八万贯，看经二十五卷，纳第七库，曹官姓周。

丁丑，欠钱四万贯，看经一十五卷，纳第三库，曹官姓崔。

辛丑，欠钱十一万贯，看经三十六卷，纳第十八库，曹官姓吉。

癸丑，欠钱二万七千贯，看经一十卷，纳第八库……

丙寅，欠钱八万贯，看经二十六卷，纳第十库，曹官姓马。

戊寅，欠钱六万贯，看经二十卷，纳第十一库，曹官姓郭。

庚寅，欠钱五万一千贯，看经十八卷，纳第十五库，曹官姓毛。

甲寅，欠钱三万三千贯，看经十一卷，纳第十三库，曹官姓杜。

壬寅，欠钱九万六千贯，看经三十一卷，纳第十三库，曹官姓崔。

乙卯，欠钱八万贯，看经二十六卷，纳第十八库，曹官姓柳。

丁卯，欠钱二万三千贯，看经九卷，纳第十一库，曹官姓许。

己卯，欠钱八万贯，看经二十五卷，纳第二十六库，曹官姓宋。

辛卯，欠钱八万贯，看经二十六卷，纳第四库，曹官姓张。

癸卯，欠钱二万二千贯，看经八卷，纳第二十库，曹官姓王。

甲辰，欠钱二万九千贯，看经一十卷，纳第九库，曹官姓董。

丙辰，欠钱三万二千贯，看经一十一卷，纳弟三十五库，曹官姓贯。

戊辰，欠钱五万二千贯，看经十八卷，纳弟四库，曹官姓冯。

庚辰，欠钱五万七千贯，看经十九卷，纳弟二十四库，曹官姓刘。

壬辰，欠钱四万五千贯，看经十五卷，纳弟一库，曹官姓程。

乙巳，欠钱九万贯，看经三十六卷，纳弟二十一库，曹官姓杨。

丁巳，欠钱七万贯，看经二十三卷，纳弟十六库，曹官姓程。

己巳，欠钱七万二千贯，看经二十四卷，纳弟三十一库，曹官姓曹。

辛巳，欠钱五万七千贯，看经十九卷，纳弟二十七库，曹官姓高。

癸巳，欠钱三万七千贯，看经十三卷，纳弟十五库，曹官姓袁。

甲午，欠钱四万贯，看经十三卷，纳弟二十一库，曹官姓牛。

丙午，欠钱三万三千贯，看经十二卷，纳弟六库，曹官姓萧。

戊午，欠钱九万贯，看经三十卷，纳弟三十九库，曹官姓吏。

庚午，欠钱六万二千贯，看经二十一卷，纳弟四十三库，曹官姓陈。

壬午，欠钱七万贯，看经二十三卷，纳弟三十九库，曹官姓孔。

己未，欠钱四万三千贯，看经十五卷，纳弟五库，曹官姓卞。

丁未，欠钱九万一千贯，看经二十九卷，纳弟五十二库，曹官姓宋。

辛未，欠钱十万二千贯，看经三十三卷，纳弟五十九库，曹官姓常。

乙未，欠钱四万贯，看经十三卷，纳弟五十一库，曹官姓□。

癸未，欠钱五万二千贯，看经十七卷，纳弟四十九库，曹官姓朱。

甲申，欠钱七万贯，看经十七卷，纳弟十六库，曹官姓吕。

丙申，欠钱三万三千贯，看经十一卷，纳弟二十七库，曹官姓何。

庚申，欠钱六万一千贯，看经二十一卷，纳弟四十二库，曹官姓胡。

戊申，欠钱八万贯，看经二十六卷，纳弟五十八库，曹官姓柴。

壬申，欠钱四万二千贯，看经十四卷，纳弟十九库，曹官姓苗。

乙酉，欠钱四万贯，看经一十四卷，纳弟二库，曹官姓安。

丁酉，欠钱十七万贯，看经四十八卷，纳弟二十九库，曹官姓花。

己酉，欠钱九万贯，看经二十九卷，纳弟二十二库，曹官姓孙。

辛酉，欠钱三万七千贯，看经十三卷，纳弟十五库，曹官姓丁。

癸酉，欠钱五万贯，看经一十六卷，纳弟十二库，曹官姓申。

甲戌，欠钱二万五千贯，看经九卷，纳第二十七库，曹官姓井。

戊戌，欠钱四万二千贯，看经十四卷，纳第三十六库，曹官姓晋。

丙戌，欠钱八万贯，看经二十五卷，纳第三库，曹官姓左。

庚戌，欠钱十一万贯，看经三十五卷，纳第二库，曹官姓辛。

壬戌，欠钱七万二千贯，看经二十五卷，纳第四十库，曹官姓彭。

乙亥，欠钱四万八千贯，看经一十六卷，纳第四十二库，曹官姓成。

己亥，欠钱七万二千贯，看经□□□卷，纳第五十库，曹官姓卜。

辛亥，欠钱十万一千贯，看经三十三卷，纳第四十库，曹官姓石。

丁亥，欠钱三万九千贯，看经十三卷，纳第四十库，曹官姓吉。

癸亥，欠钱七万五千贯，看经二十四卷，纳第四十三库，曹官姓□。

寿生信仰认为人出生时欠冥司本命受生钱，在世当偿清冥债，可享富贵，再世为人，否则要遭十八横灾。寄库是指烧赛纸钱，预存冥财，以备死后享用。受生寄库斋会是信徒专门为烧寄冥财而举行的斋会。此抄本字迹拙劣，可能属于一个文化较低的下层信众所有，或许是出于日常颂念目的而自己抄写的。经末所附《大金国陕西路某告冥司许欠往生钱折看经品目牒》，落款地名为“大金国陕西路”，说明这个抄本的主人身份是金国人。[①]但为什么这个金国的抄本会出现在西夏境内的黑水城呢？联系到黑水城文献中还有一大批两宋之际陕西军事文书，而陕西陷金是富平之役（1130）以后，则抄本的年代可能是十二世纪中期前后，后来因为某种原因流散到西夏境内的黑水城。

此类寿生经在敦煌遗书里没有发现，可能莫高窟藏经洞封闭前此种受生寄库信仰尚未在敦煌流行。敦煌文书最晚的纪年写本是咸平五年（1002），藏经洞大概封闭于1006年前后。

① 谷更有认为丁酉曹官姓“死”，这里面蕴含了特殊的时代信息：此曹官本来应当是姓赵。因赵皇室姓，金灭北宋，徽、钦二帝被俘，宋皇帝受辱，流落民间的皇室后裔在金的统治之下，也自觉低人一等，所以对己姓讳莫如深，常称“死姓”。据此他推断这个抄本年代是天德二年（1150）之后不久［谷更有：《跋〈大金国陕西路某告冥司许欠往生钱折看经品目牒〉（俄A32）》，《燕赵学术》，2012 年，秋之卷］。查历代各版本《寿生经》丁酉曹官均未有姓赵者，丁酉曹官基本是姓胡。而且抄本中丁酉曹官姓那个字是否就是“死”字也有疑问，侯冲的录文为“无”。从抄本主人书写习惯判断，我认为丁酉曹官姓是“花”字，这个字和“胡”谐音。

前已论及现存较早和寿生信仰相关的材料为王禹偁所记：其邻族“每月哉生明之二日，且必觞醪豆蔌祭于庭，具纸蚨绘骏以焚之”，据称是祭祀掠剩神，此神“掠民之羡财，籍数于冥府，备人之没，将得用矣”[①]。此明言是祭掠剩神，据刘长东分析：王禹偁邻人焚纸钱、纸马享祀掠剩神有赂神之意，欲在阴间索回被掠之财。掠剩神本来是唐代产生的一种信仰，强调的是人生福禄筹算有定数，早期并没有死后享用羡财的说法，也没有冥财贷还的观念，还不能算寿生。但后来的五代宋初时候，掠剩神信仰可能受到后起的寿生寄库的影响，衍生出了死后享用冥财的新观念。[②]

王禹偁为太平兴国八年（983）进士，文中载其亲见的烧纸钱纸马祭祀掠剩神场景，应当是在十世纪末十一世纪初。王禹偁对此种焚纸钱祭祀以及相关理念感到新奇，所以才加以记录，也证明当时此类添加了新成分的信仰才刚刚兴起，还没有流行到司空见惯、不以为奇的地步。综上分析，《佛说寿生

---

① （宋）王禹偁：《诅掠剩神文》，《小畜外集》，四库丛刊初编本。

② 刘长东：《论民间神灵信仰的传播与接受——以掠剩神信仰为例》，《四川大学学报（哲学社会科学版）》2007年第4期。王禹偁这则关于烧醮冥财的材料亦是刘长东从四部丛刊本《小畜外集》中觅出。刘长东认为寄库逆修是掠剩神信仰推出新成分的“前理解”基础，其实寿生寄库比掠剩信仰后起，但在五代宋初，二者发生了交互影响，王禹偁所记掠剩神信仰的新发展其实是受到后起的寿生寄库信仰影响的结果。

经》及寿生信仰产生于十一世纪前后，[①]现存最早明确的寿生寄库信仰实物资料是《明道二年（1033）福建路建阳县普光院众结寿生第三会劝首弟子施仁永斋牒》，仅比王禹偁所记晚了几十年。

第二节 寿生、寄库与寿生会

寿生最初可能指个人填还，后来仪式逐渐增衍复杂，需要请僧道举办寿生斋会。宋代民间流行受生斋会，烧赛冥司寿生，杭州城每年春季都固定举行这种斋会，保俶塔寺“每岁春季，建受生寄库大斋会”[②]。一直到元代，这种风俗仍保留，方回记录了元代杭州城每年三月十日，举办受生寄库大斋会，焚寄冥财，游冶踏青的盛况：“是日杭人诧佛事，焚寄冥财听僧诱。公子王孙倾城出，姆携艳女夫挈妇。放生亭远骛长堤，

① 《寿生经》中提及十一曜星神，唐代只有七曜、九曜，十一曜的出现是在五代中晚期，现存最早有完整十一曜的出土文献是开宝七年（974）敦煌P.4071《康遵命课》（参见秦光永博士未刊文：《再论唐宋星命术中的“计都”与“月孛”：以杜光庭〈广成集〉为中心的考察》）。这个线索为我们提供了一条《寿生经》产生上限的证据。

② （宋）吴自牧：《梦粱录》，卷十九，《社会》，中国商业出版社，1982年，第168页。

保叔塔高陟危阜。居然红裙湿芳草，亦有瑜珥落宿莽。”①

寿生会是依据《寿生经》组织的一种民间会社，宋代民间组织、发起寿生寄库大斋会的情况可以从宋代佛教法事文书《明道二年（1033）福建路建阳县普光院众结寿生第三会劝首弟子施仁永斋牒》中得到了解。据方广锠先生介绍，从本文书可知，这种寿生会由寺院僧人出面组织，并邀请若干俗家信徒为劝首。文书所记此次寿生会组织者为一位都劝缘僧和施仁永等三位施姓劝首发起，“敢舍衣中之宝，共赛冥帛”。劝首既负劝导别人的责任，本人自然也是烧赛冥司寿生的积极参与者。本文书的持有者施仁永就是这样一位人物。此文书即为施仁永生前烧赛冥司寿生的凭证。该文书记载，施仁永所烧寿生钱已经存入冥司第九库，死后可以“执此合对文牒，诣库照证”。按照法事仪轨，这样的牒文，应一式两份。一份称为“阳牒”，交烧赛冥司寿生者收为凭证；一份称为“阴牒”，当场烧化，以通知冥司曹官收存冥财，正如科仪上说的“昔在冥司亲借贷，今获人伦挂在心。阴牒随赍焚化去，阳牒给付信人身。阴阳文牒俱缴彻，只留阳牒留护生”②。阴阳两牒须各自斜角对折后拼合在一起，然后骑缝签押，以为勘合的凭证。

---

① （元）方回：《桐江续集》，卷二一，《记三月十日西湖之游吕留卿主人孟君复方万里为客》，第1193册，景印文渊阁四库全书本，第485—486页。

② 《给受生阴阳牒》，《佛门生斋全集》，侯冲藏清抄本。

本文书背面有半行骑缝文字，作“众结寿生第三会□□□”，证明此乃由施仁永本人保存的阳牒。本牒是现知年代最早的有关烧赛冥司寿生活动的原始文书。[①]洪迈《夷坚志》记载了当时民间受生寄库信仰烧赛冥钱的情况：

鄂渚王氏三世，以卖饭为业。王翁死，媪独居不改其故。好事佛，稍有积蓄则尽买纸钱入僧寺，如释教纳受生寄库钱。素不识字，每令爨仆李大代书押疏文。媪亡岁余，李犹在灶下，忽得疾仆地，不知人。经三日乃苏。初为阴府逮去，至廷下，见金紫官员据案坐，引问乡贯姓名讫，一吏导往库所，令认押字。李曰：“某不曾有受生钱，此是代主母所书也。”吏复引还，金紫者亦问，李对如初，曰：“汝无罪，但追证此事耳。汝可归。”既行，将出门，遇王媪与数人来，李见之再拜，媪大喜曰：“荷汝来，我所寄钱方有归著，汝□到家日，为我传语亲戚邻里，各各珍重。”李遂复。生时乾道七年三月也。[②]

① 方广锠：《跋北宋佛教法事文书》，《随缘做去 直道行之——方广锠序跋杂文集》，国家图书馆出版社，2011年，第141—144页。

② （宋）洪迈撰，何卓点校：《夷坚志》，支甲卷八，《鄂渚王媪》，第2册，中华书局，2006年，第775页。

从这段材料看，虔诚信仰受生寄库的王媪不识字，与A-32抄本主人一样为下层民众。每一次烧寄库都要请人代为“书押疏文”，即A-32经文后所附写明地址的牒文合同，这种牒文是烧寄库的凭证，死后可以核对文牒，领享冥财。牒文合同一式两份，牒文后面本人要书押确认：一为阴牒，随纸钱烧掉；一为阳牒，烧醮者保留，《明道二年（1033）福建路建阳县普光院众结寿生第三会劝首弟子施仁永斋牒》就是烧寄库留下的阳牒。从格式用语看，这其实是对世间通行契式的模仿。这则故事中王媪平日寄库是请人代为书押，到了冥司书押笔迹对不上号，故代押人李大入冥追证，这也是对世间文契书押勘正制度的折射。

受生寄库信仰在下层民众中较流行，当时士大夫对这种烧受生寄库钱的行为却持一种批评态度：“况其所说为福可以冥财祷而得，为罪可以冥财赂而免。神物清正，何其贪婪如此！原其初意，亦只是杜撰，以诱人之为善，而恐惧人之为恶耳。野夫贱隶以死生切其身，故倾心信向之。然此等皆是下愚不学之人，亦无足怪。”[①]正如陈淳所言，受生寄库信仰者多为所谓“野夫贱隶”“下愚不学之人”的下层民众。正因为这种和正统佛教教义有差异的信仰在民间非常流行，佛门内也有人对

① （宋）陈淳著，熊国祯、高流水点校：《北溪字义》，卷下，中华书局，1983年，第69页。

此批评道："遍览藏经无阴府寄库之说，譬如有人不为君子之行以交结贤人君子，乃寄钱司理院狱子处，待其下狱则用钱免罪，岂不谬哉！"[①]宋代士大夫专门上书要求禁焚纸钱，指出凿纸为缗钱，焚以邀福，于典无据，而且"南亩之民转而为纸工者，十且四五，东南之俗尤甚焉"[②]，可见当时民间焚纸钱风俗之盛，以至士大夫认为其妨农而乞禁。

第三节　《佛说寿生经》中的信仰杂糅

《佛说寿生经》是宋代流行的伪经，虽名为佛教，但其中夹杂了佛、道二教和民间信仰的成分，体现民间宗教实践中信仰杂糅的特点。

《佛说寿生经》与道教文献

《佛说寿生经》从结构上看，前有序分，中为经文，后有流通分，是标准的佛经结构。但序分中行文又颇似敦煌遗书中道教受经盟誓文，这种文体遵循一定"书仪"，格式相对固定，归纳起来一般有忏悔溺世、缘起主旨、妄传之戒、立誓奉持几个部分。将二者相比较，就发现除顺序略有不同外，结构

① （宋）王日休：《龙舒增广净土文》，《大正藏》，第47册。

② （宋）廖刚：《乞禁焚纸札子》，《全宋文》，第138册，上海辞书出版社、安徽教育出版社，2006年，第364—365页。

措辞都有相近之处：比如，敦煌遗书p.2417索栖岳受经盟誓词中忏悔溺世："既耳目贪于声色，身心染于荣宠。常在有欲，无由自返。"接着就讲《老子道德五千文》经文缘起主旨；[①]而黑水城文献A-32《佛说寿生经》序分也是一段忏悔溺世："四居幻化之中，得处人伦之内。且夕（昔）以六尘，牵挛役役"，然后讲经文缘起主旨。这些措辞实际都是当时流行的书仪套话，佛道二教都用。但以发露忏悔、盟誓奉持为特点的斋仪文本，道教从汉代以来就沿用不断；而佛教在本土化过程中学习了很多道教的东西，仪式方面一直在模仿和学习道教，其中就包括仪式文检。仪式文本中的疏牒文检、章奏符引本为道教所擅长，佛教从中汲取了不少养分。民间层面直接接触到的宗教实践基本是仪式场面，所以这些仪式文本用语为百姓耳熟能详。中土伪经大部分都有一个特点，即结构和用语都很像仪式文本，有的语句甚至就是从仪式文本中摘出，推想这部《佛说寿生经》的造作者对这些民间流行的科仪文检也极为熟悉。

《佛说寿生经》与民间信仰

A-32抄本中的神祇也体现出道教多神杂糅的特点，经文中有十大菩萨、诸星福曜、本命元神、家宅土地、十一曜星神、行年星、注禄星等神祇；经后牒文所列神祇有本命星官、

---

① 王卡：《敦煌道教文献研究》，中国社会科学出版社，2004年，第162页。

天曹真君、地府真君、善部童子、恶部童子、宅神土地、五道将军、家灶大王、水草将军、本库官、命禄官、福禄官、财禄官、衣禄官、食禄官、钱禄官。

十一曜星神、行年星是唐宋时期炽盛光佛崇拜和星命信仰的产物。星命认为，人出生时十一曜星神的位置及组合关系决定了人的命运，而出生后每一年都有十一曜中的某一星曜主宰，这个星曜就是行年星，每年需对当值行年星祭祀，祈求趋吉避凶。

善、恶童子源于道教记录世人善恶的司命、司录二神，司命录善，司录记恶："行之，司命注青录；不可，司录记黑文。黑文者死，青录者生。生死名簿，在天明堂。无道无亲，唯善是与。"[1]善、恶童子成为中国地狱信仰中的重要角色，在唐宋地藏、地狱主题的绘画、造像中皆能见其形象，如法国吉美美术馆藏敦煌绢画《地藏六道图》、安岳石刻圆觉洞第84窟地藏十王龛。

五道将军是民间信仰中地府掌生死之神，地位在阎王和泰山府君之下："阎罗王者，如人间天子。太山府君如尚书令录。五道神如诸尚书。"[2]

---

① 王明编:《太平经合校》, 中华书局, 1960年, 第4页。

② 《法苑珠林校注》, 卷六,《鬼神部》,《感应缘》, 第1册, 中华书局, 2003年, 第199页。

水草将军即是水草大王，世传水草大王为金日磾，金日磾擅长养马，曾为武帝马监，民间奉之为水草大王，成为畜牧业的保护神。这种信仰反映了北方民族的畜牧业经济，寄托了水草丰美、六畜兴旺的希望，正与抄本主人金国人的身份符合。

土地是一个地域的保护神，宅神是一家的保护神，《夷坚志》有一则故事：孝义坊土地神力拒天旨，保护坊中百姓免于瘟疫。宋人认为大神虽然神通广大，但毕竟遥在九天九地，恩泽难及普通人，而土地、宅神则日常亲近，虽然能力不及大神，但如果尽心侍奉，关键时刻还是这些亲近的小神能帮上忙。[①]

经末咒语："天罗咒，地罗咒，日月黄罗咒，一切冤家利我身，磨河般若波罗蜜。"此所谓延寿真言，词义俚俗，民间宗教的痕迹很明显。

在A-32中，与《佛说寿生经》抄在一起的还有《阴司鬼限》和《推定儿女法》两篇，皆为俚俗的韵文。《阴司鬼限》："阴司鬼限少人知，先以年命岁干脂（支）。推算常加一十七，在何宫内最相宜。旺相胎没无余忧，因此病重也可忧。就中休非兼逢鬼，便排军马付荒丘。年记二十宜旺相，四十胎没不须忧，六十胎没应当差。男嫌二八，女嫌三七。古今留（茗？）乎，算（位？）都除尽，无（立？）毕死不

① （宋）洪迈撰，何卓点校：《夷坚志》，支景卷第六，《孝义坊土地》，中华书局，2006年，第927页。

须求。价（假）令丁酉生人，乙丑年，小运甲午，壬午月壬申日受患，看其轻重。”[①]这是以生年干支旺相休囚等所谓寄生十二宫、大小运结合得病月日干支占算疾患吉凶的算命术，“价（假）令”以后是所附一道推命“习题”。

《推定儿女法》：“欲将怀孕定雌雄，先以四十九数枝，便将产月加其内，次将王（生）母年（？）去除，天除一地，人除胎减，只男双女可知，此是孙膑真妙法，莫遣凡人取自知。价（假）令甲午生，先以四十九数枝，便除玘三十二，便加月分九月，以九数枝年（？）去除。”这是一种推算生男女的方法，后来还被翻译为西夏文，为俄藏黑水城Инв.No.2554第三种占卜文献，称为《推定肚子雌雄法》，孙伯君教授有译文和考释，此处径录：“首先折四十九根（枝），后依胎生何月增其数。尔后又上天减一，下地减二，明三减三，再减母之岁数。四大减四，五行减五，六星减六，七斗减七，八卦减八，九曜减九。后边所剩何数，阴阳依此数来验。”[②]A-32的《推定儿女法》推算方法是：［49（先以四十九数枝）+母

① 后接十天干和地支六冲配数字、地支六冲阴阳六经燥湿等五行、十天干配腑脏，从略不录。

② 孙伯君：《西夏文相马、养马法〈育骏方〉考释》，《北方民族大学学报》2018年第2期。

亲预产月份（便将产月加其内）[1]-母亲的虚龄（次将生母年去除）]÷9（以九数枝年去除）=X，以X或余数的奇偶判定男女，单数男，偶数女（只男双女可知）。以A-32后附“价（假）令”习题为例：（49-生年32+预产月份9）÷9=2余8，单男双女，余数为8，据此当生女。

《寿生经》抄本一直有一个杂抄传统，就是在抄写经文时常附上民间流行的占卜、格言、歌谣等，一直到近代的《寿生经》抄本都是如此。这些杂抄反映的都是当时民间的流行观念，和大足石篆山严逊造像对比，严逊造了寿生龛，同时造了鬼子母、炽盛光等龛，从功能上讲鬼子母龛和A-32的《推定儿女法》是一样的，都是希望多子；而炽盛光和《阴司鬼限》在功能上有相似性，是希望大运流年趋吉避凶。这些都是民间占卜术，反映当时下层民众的佛教信仰特点，实际夹杂了大量民间的内容。这些内容和《佛说寿生经》抄在一起，为我们提供了一个寿生信仰及其信众观念世界的背景。《佛说寿生经》名义上是佛经，其实深受道教及各种民间信仰的影响。

---

① 西夏文《推定肚子雌雄法》“胎生何月增其数”，是加受孕的月份，传世文献也是加受孕月份，但黑水《推定儿女法》“便将产月加其内”只能理解为加预产的月份。这种算法民间有多种版本，各有异同。

第四节　从黑水城文献A-32与建阳文书看早期寿生科仪

黑水文献A-32几部分内容看似随意抄写在一个本子上，但如果熟悉科仪文本，就会看出这些东西不是随意攒在一起，内部有其结构和逻辑。除《阴司鬼限》《推定儿女法》两篇杂抄外，其余部分几种文献是一个整体，确切地说就是寿生科仪，是与诵经等结合在一起的礼忏、烧醮仪式。礼忏科仪是宗教实践中的重要内容，若不从这个角度分析A-32，我们就不能准确理解其各部分之间的关系，也不能深入了解其中的宗教含义。其结构分为以下几个部分：

敬礼三宝：

信礼常住三宝[①]

礼三身八方三世佛：

信礼清净法身毗卢遮那佛 信礼圆满报身卢舍那

① 此页前内容已不存，礼三宝前有一残句：“……住，是故我皈依。”

佛 信礼三类化身释迦牟尼佛 信礼当来下生弥勒尊佛 信礼东方一切诸佛 信礼东南方一切诸佛 信礼南方一切诸佛 信礼西南方一切诸佛 信礼西方一切诸佛 信礼西北方一切诸佛 信礼北方一切诸佛 信礼东北方一切诸佛 信礼过现未来三世诸佛

礼舍利、宝塔、法藏、圣像、菩萨声闻等众：

信礼舍利灵牙 礼无量宝塔 信礼五教三乘甚深法藏 信礼诸位菩萨摩诃萨众 信礼缘觉声闻 礼一切现（贤）圣众

回向发愿，回向对象从释天梵王、皇帝、太子、文武百官到三途六趣四生等：

为二十八天释梵王众信礼常住三宝 为诸龙神等风雨顺时信礼常住三宝 为当金（今）皇帝圣寿无穷信礼常住三宝 为太子诸王福缘万业信礼常住三宝 为文武官寮禄位常居信礼常住三宝 为国界安宁常转法轮信礼常住三宝 为十方施主六度行圆信礼常住三宝 为僧俗父母善有良缘信礼常住三宝 为当居土地护法

龙神信礼常住三宝 为边方宁净永息干戈信礼常住三宝 为三途八难六趣四生愿皆利（离）苦归命礼三宝

志心忏悔：

志心忏悔 普忏六根三业罪 愿令除灭不福（复）生

请佛住世：

劝请十方诸如来留身九（久）住济含识

随喜回向发愿：

随菩（喜）称赞诸善根 回向菩提证常乐 愿诸众生入佛惠 生灭永息证无余 忏悔劝请随喜回向发愿已归命礼三宝

六念：

白众等 欲求寂灭乐 当清沙门法 衣食计身命 精粗随众等 诸众等寅朝清净各记六念 念佛慈悲拔众苦 念

法浪（良）药济三途 念僧福田应供养 念世贫穷济所需 念戒防非护诸恶 念天长寿舍阎浮 六念已

三皈依礼：

归命礼三宝 一切恭信自归依佛 当愿众生 体解大道 发无上意 一切恭信自归依法 当愿众生 深入经藏智慧如海 一切恭信自皈依僧 当愿众生 通领大众 一切法无爱（碍）〈力〉

和南圣众：

上来寅朝礼佛功德 奉报四恩 然愿散周沙界 和南礼一切贤圣众

演（寅）朝礼一本；
（以上《演（寅）朝礼》）

忏悔：《梁皇忏》（录文略）[①]。

诵经：《佛说寿生经》（录文见前）。

宣牒、烧醮：《告冥司许欠往生钱折看经品目牒》后半部分“奉填还……”以下，当拟题为《烧醮冥司寿生牒文》（录文见后）。

当时的寿生信仰就是按这个仪轨过程进行的，其中既有礼拜，又有忏悔、诵经、说偈、发愿，又有具牒的烧醮仪式，其中的礼忏仪式基本是从当时佛教众多忏仪中直接搬过来的。比如《演（寅）朝礼》，黑水城文献A-8也是一篇《寅朝礼》，抄在一起的还有《五方礼》，敦煌文书中P.4597（22）、P.2692b、S.5645b都是《寅朝礼》，这个文本被用在很多仪式中，以礼敬十方诸佛。寅朝礼、黄昏礼等名义源于六时礼忏，僧徒于寅时、午时、黄昏、初夜、中夜、后夜礼佛忏悔，各时段礼忏的仪轨范文即《寅朝礼》《黄昏礼》等。后来，随着《寅朝礼》影响扩大，其使用不再限于早上，成为很多仪式中礼忏部分采用的文本。敦煌遗书有十六件寅朝礼，黑水城文献

① 这部分有“西（昔）日梁王皇帝……”及“龙颜选问致公（志公）因缘……”“阎王差小鬼，皇帝殿前追痴是（郗氏）”，故知此为一种梁皇忏文本，文字与今所见梁皇忏不同，而且字迹潦草，文意含混，限于学力，无法辨识录文，故从略。

有两件寅朝礼，可见其流行。[1]寿生信仰早期还没有发展出后来自己的请神礼圣科仪，所以直接搬用当时流行的《寅朝礼》作为礼圣发科的部分。

从科仪结构来看，A-32《寅朝礼》这一部分相当于后世科仪中的“请神礼圣”，礼敬三宝、十佛、菩萨声闻等圣众，也是礼请他们临坛证盟；《梁皇忏》相当于科仪的“拜忏”，忏悔前世今生愚痴贪嗔，诸种罪业；《佛说寿生经》相当于“诵经”这个节目，寿生仪式都要配合诵经，早期就是诵《寿生经》和《金刚经》，后来科仪中诵经种类就复杂多了，参考下面所引明代《寄库阴阳册籍式》里面所诵佛经的清单，可以看到所诵佛经数量很多。A-32末尾整理者题为《告冥司许欠往生钱折看经品目牒》者，实际是烧醮冥司寿生牒文，这部分相当于科仪的“宣牒”，意在把填还寿生的意旨宣说明白，还有所烧寄纸钱数量、诵经卷数、所纳冥司钱库号数、曹官姓名等清单。宣牒的行为代表契约正式缔结，唱诵出来让神佛圣众知晓，证明作保，然后才举行焚化仪式。从保存下来的部分看，A-32的寿生科仪主要还是借鉴当时现成的《寅朝礼》《梁皇忏》，还没发展出后来占重要地位的迎曹官、酬谢车夫力士这

---

① 汪涓：《敦煌礼忏文研究》，台北法鼓文化事业股份有限公司，1998年；韦兵：《黑水城文献汉文普礼类型礼忏文研究》，《西夏学》第八辑，上海古籍出版社，2011年。

类科仪。但寿生科仪的核心部分——寿生牒文已经具有，这部分内容，参照后世科仪文检似乎可以拟题为《烧醮冥司寿生牒文》：

奉填还，谨专献上[①]本命星官、/天朝真君、地府真君、善部童/子、恶部童子、宅神土地、五道将/军、家灶大王、水草将军、本库官、/命禄官、福禄官、财禄官、衣禄/官、食禄官、钱禄官巳（以）上星官银钱/各一百贯文。右某谨依礼典，所/有经疏银钱，贯百分明，在钱/明衣，头怙不除，头内有破损/漏贯，并是打绣壳钱人之当，/并干烧奏人之事。谨专献上/诸神百官，唯愿烧醮巳（以）后/合家吉，四时无小小之灾，八节有/多多之庆。虔成发称谢之/心愿，[②]/早降吉祥之路，愿表丹诚，府/垂福祐。今者聊备香茶酒果/盘送，伏望领纳照察，谨具/奏闻，烧奏十二相属本命钱，/醮还冥责（债），所牒据南瞻/部州修罗管界大金国陕西/路今月日状告，伏为北斗星君/为主，缘当生岸，於冥司本命/库中许欠注生钱

① 此处原有倒字符，录文径改。
② 此句后原接“香茶酒果盘送伏”七字加圈，疑为误写删除标记，录文径改。

数，今得为/人，不昧忠心，用伸醮还，仪准圣/教，金刚经一卷折钱三千贯，/谨舍血汗之财，专诣为自，/请看金刚经数，焚香开/启，转读金文，准折冥债，开列/品目如后，相人元欠注生钱贯/文，折纳金刚般若波罗蜜经/卷并已数足，曹官曹纳在弟/□□收掌，□□□等所据/□□□数折经寄库等事/开生在前事，须牒冥司主者，/到请照验，判官分上历消/……

《明道二年（1033）福建路建阳县普光院众结寿生第三会劝首弟子施仁永斋牒》，是寿生牒文的实物资料，可与A-32的牒文书仪比较：

大宋国江南［福建路］建宁军［建］州建阳县崇政乡北乐里普光院众结寿生第三会烧赛冥司寿生钱会斋牒

据入会劝首弟子施仁永，舍料钱二百二十文足，回饭供僧一人。以仁永是上元甲午生，现今行年四十岁。案经云：前世必欠冥司寿生钱十六万贯。今遇众结寿生第三会，请僧转《寿生经》十卷。今赍□色银钱十四万贯还足，烧送纳在第九库内许曹官收领讫。但仁永他时异日，执此合封文牒，诣库照证者。铜钱

十文充经。◇

牒前件弟子施仁永三生曩劫，百世修因。□□法净之缘，敢绣衣中之宝。共赛冥帛，同竭斋心。三会斯圆，事须给牒。故牒。谨牒。

明道二年十月十八日都劝缘僧　善威　牒（?）

同劝首弟子　施处让　傅奕

同劝首弟子　施从政　施诸

同劝首弟子　施仁永　杨巨山

住持监院兼道场转经僧　宥宁[①]

这是一场北宋僧人主持的寿生斋会所用牒文文书。和黑水城文献A-32比较来看，这件建阳文书是严格意义的合同牒文，有牒名、斋主姓名、斋会诵经焚钱清单、主持僧人名号及参会同修姓名，现存寿生合同文检类以此为最早。牒文中“结寿生第三会”说明这是斋主施仁永第三次举办寿生斋会，据称

① 此处采用方广锠、侯冲两位先生录文，见《中国佛教仪式研究：以斋供仪式为中心》，上海古籍出版社，2018年，第439页。同时，感谢“仰宋堂”提供原件高清照片，以便核对。方、侯两位先生录文年代为明道三年（1034），仁宗明道年号只用了两年，明道二年（1033）十二月丁巳诏改元，次年正月起即景祐元年，没有明道三年年号。仔细核对原件照片，字迹确实是二年非三年。此为斋会阳牒，按照后来规矩应该在斋主死后焚化随葬，但为何保留下来，值得进一步思考。或许当时的阳牒也可瘞埋，才可能保留，但这只是一种猜测。

寿生填还斋会一生要举办三次，才算圆满，故牒文称“三会斯圆”。又：“仁永他时异日，执此合封文牒，诣库照证者”，“合封”是指阴阳文牒折叠后背面骑缝书写押字，以备验证；“照证”是指斋主施仁永希望自己百年之后，持此阳牒到冥府钱库与阴牒勘合，提取冥财。而黑水城文献A-32更像是一个科仪文本，尤其末尾“奉填还……”重点在申说斋会的意蕴，内容比单纯牒文丰富，科仪中的“宣牒”就是按照这类科仪文字来朗声宣读，现有寿生科仪文本以此为最早。这两件宋代文献刚好给后来的寿生科仪和文检两类文本提供了早期的范本。后来的寿生文本结构、取义都差不多，只是内容更丰富。比如，明代的寿生牒文合同文检和建阳牒文文本相比就复杂多了：

○寄库阴阳册籍式

冥阳水陆大斋坛

夫福因善感，罪以业牵。修善则人天之胜果，作恶则鬼畜之剧殃。惟福与业，如影随形。深稽楮钱寄库之说，剏自先贤，载之统纪，事并虚设，教有名言。若无灵验，今古焉传。有是功勋，方堪仿述；考古征今，惟信与不。今财寄冥曹，事凭册载，必须比对，毫发无差，任与支销，更无阻碍，须至出给阴籍若阳用阳二字以为符券　今据

大明国　奉

三宝修因植福寄库清信士某切谓身同朝露，命速西光，苟不预布津梁，必竟堕于业障。乃发心而修诸功德，破悭而虔备香花策，某年某月日时之吉仗释于某处启建　道场几日于中讽诵某经若干，至某月日圆满，特为忏缴，志心崇建冥阳水陆大斋法事，依按教科，作诸功德。所衷妙利耑为上答天恩，次祈民福，消灾谢过，保命延生，预修善果，以作福基。

情（请）本坛沙门某，得此来词，恳切奏闻佛国，申详三界外，斋主某复备冥衣、楮币、钱串、金银、钞锭，封作若干扛，编记字号，明百恭对，觉皇坛下，印封讫，投寄冥府第几库某曹官库收贮，以充福本。当坛出给阴阳册籍二部，将所寄罨扛，逐一登载，各立合同、印信、花押，阴籍当于某夜化库之时，对案披宣焚缴。阳籍给付斋主某收执，俟百年数满之日，执此册籍亲到案下，逐一比对查验符合，任凭支用销缴，今将所贮库罨扛开具于后

计开其打字号俱照藏经天地玄黄编去

|某字号一扛　|某字号一扛

|某字号一扛　|某字号一扛

每库查所寄冥有几扛均分作十二库

|库镇库金经四若干卷

|诵大乘妙法莲华经二十四部 若还受生加

|诵大乘般若金刚经四十八卷 |诵 受生经若干卷

|诵大乘阿弥陀佛经四十八卷 |诵 金刚经每库十二

|诵般若心经一百二十卷

|诵三昧水忏灵文十二部

|诵楞严神咒二十四卷

|诵尊胜王神咒二十四卷

|诵大悲神咒二十四卷

|诵如意宝轮王陀罗尼二十四遍

|诵消灾吉祥神咒二十四遍

|诵功德宝山神咒二十四遍

|诵佛母准提神咒二十四遍

|诵圣无量寿决定光明王陀罗尼二十四遍

|诵药师灌顶真言二十四遍

|诵观音灵感真言二十四遍

|诵七佛灭罪真言二十四遍

|诵往生净土神咒二十四遍

|诵善天女咒二十四卷 将此经咒均分作十二库每库若干此开的是总数

|持念

南无阿弥陀佛宝号洪名一万二千声

|诵经僧某　　|礼忏僧某

|香灯僧某　　|书记僧某

|做罨人某　　|造纸人某

|造衣人某　　|凿钱人某

|结库人某　　|纸马经人

|辨（办）供人某|辨（办）斋人某某

|释迦如来遗教奉行加持水陆功德法事沙门某

右阳籍给付信士某收照阳簿用此

右阴籍缴上

冥府几库某曹官案下阴籍用此

阴阳籍合同印信记　阴阳籍合用印信记

大明某年月　　日给阳簿用给字缴阴簿用缴字

阳籍　押

阴籍　押

冥府较量院功德司官证明

这是明代寿生仪式中僧人给斋主开具的阴阳牒文，与建阳文书有相似的文本结构，都是陈述。从这个牒文册籍式可以推见当时斋会的盛况：经办这个仪式的僧职人员包括诵经僧、礼忏僧、香灯僧、书记僧，此外还有辅助人员做罨人、造纸人、造衣人、凿钱人、结库人、纸马经人、办供人、办斋人。黑水城文献A-32中的“打绣壳钱人”就是这里面的“凿钱人”，是斋会中专门负责凿制纸钱的人；做罨人是做装纸钱箱笼的人；供品和斋食也有专门的办供人和办斋人来负责。合同文牒仿照公文，各加盖印信、花押。阴牒当于某夜化库之时，对案披宣后焚烧，牒文用“缴”字，即缴于阴司钱库；阳籍给付斋主收执，牒文用“给”字，即给付斋主妥善收存。阴阳二牒加盖“阴阳籍合用印信记”。宣牒后的押字也是重要程序，“释迦如来遗教奉行加持水陆功德法事沙门某”是主斋坛人的姓名，后面要有他的押字。其他斋坛中孝信斋主、讽经师、香灯师、造钱师、办供师等也要依次秉笔签押，签押时各有赞语，如讽经师：“礼请白头一老僧，讽诵大乘不非轻。七轴灵文皆佛语，敷礼经忏务念清。”这是强调讽诵者要将经忏文字念清楚，不可敷衍；造钱师：“庄严佛刹助善缘，用心彩画非等闲。竭净一诚将钱造，钱眼相对达圣贤。”[①]这是叮嘱造钱人不可马虎。据蒋馥蓁的调查，清代四川地区阴阳券的函外要封上火漆，内里还要夹上掌坛师的头发，以示慎重。[②]

章奏牒文必须符合规范，仪式中非常强调此点：“道家章奏犹人间上章表耳，前上之章，有字失体，次上之章，复草书

① 《填还仪范》，《预修填还》，韦兵藏清李信成抄本。

② 蒋馥蓁：《道教的“受生填还”仪式：以四川〈广成仪制〉为中心的考察》，《民俗曲艺》第194期，财团法人施合郑民俗文化基金会，2016年。

‘仍乞’字，表奏人主，犹须整肃，况天尊大道，其可忽诸？所上之章，咸被弃掷，既不闻彻，有何济乎？”[①]“有字失体”估计是有误字，“仍乞”二字最易草书连笔，误字、草书都是章奏中不可原谅的错误，被认为会导致仪式不灵验。道士斋醮修疏用语不慎还会导致灾罚，道士王可用修疏禳灾，常写“吉星高照，凶曜退临”，结果被神明追罚。因为这八个字有命令意味，是上对下的口吻，不能用来对待居上的星曜尊神，写在疏文中就犯忌。[②]科仪章疏类的文献汇编就是为让仪式中的文检合乎规范而编撰，后世传抄科仪文检，末尾一般都有谦辞，如字有失误，请明师改正一类话，也是怕传抄章奏错误，导致法事不灵。由于以上原因，主斋人很害怕文检不规范，轻则上界各司宫殿不受理，重则受到谴罚，为稳妥起见，要上一个《誊录申》给四京水陆院掌事主文誊录司仙官。“允今所申，侯在表奏文字到来，类聚开拆订正呈进各司宫殿，毋得沉滞，差讹特赖斤削”[③]云云，就是说请求上界誊录司勘定消除所上文检的错误，上一个规范的章疏给上界各殿司。

---

① 《太平广记》，卷七十一，《窦玄德》，第2册，中华书局，1961年，第445页。

② （元）佚名：《湖海新闻夷坚续志》，后集卷一，《论星受谴》，中华书局，2006年，第156—157页。

③ 《誊录申》，（清）释德融辑：《释氏集要存亡赍奏申格式》，韦兵藏民国抄本。

宋金时代寿生斋会诵念焚化的场景已经消失在历史的长河中，受生寄库斋会礼忏、烧醮结合的具体情况，我们还可以从明代汪必东的《愍惑赋》中了解到。汪氏从儒家的观点出发反对这种“贮冥财以资鬼用”的做法，但从他的描述中我们可以了解受生斋会的过程和细节，很多地方和仪式文检中的内容可以互证。首先是斋会道场的布置，“运薪采木，货豆易麻，料菜理果，酿酒焙茶，黍粱布帛，笔札丹砂，下及器具，靡不罗爬”，果品供养，斋食器具，一应俱全，这些都是办供人和办斋人来负责。张榜挂幡，场面盛大，“逮夫缁黄至止，华采严庄，祥旛远树，谕榜高张”，这是主持斋会的僧职人员，树幡张榜，启建道场。烧醮所用纸钱、银锭、衣裳等罗列纷纷：“凿楮为钱，编竹为箱。锭以金银，绘以衣裳。羽羽焉，鳞鳞焉，青红黛白，费不知其几千万张”，这又是做罨人、造纸人、造衣人、凿钱人等来负责。斋会场面：“于是铺陈怪象，罗列堂廊。恍临玄帝，俨见竺王。焚香袅袅，列炬煌煌。奏铙鼓之法乐，开傀儡之戏场。哄谜谈于上界，罗礼拜于下方。骇比邻之耳目，走男女之交相。爰钟鸣而鼎食，或三哓而七光。”有焚香、诵经、忏拜仪式，并伴以讲因果、地狱的傀儡戏。斋会的消耗费用：“忍百日之经营，付一火之灾殃；并数年之蓄积，倾二氏之橐囊。”斋会费用巨大，“二氏”是指佛道两教都有人从事这种受生斋会，和尚、道士从中敛财不菲。斋会后信众的心理满足：“彼终迷而不悟，反得意以扬扬。谓寄泉货于冥府，谓布福果于幻方；谓钱神死可以资食，谓纸灰死可以裨裳。”[①]士大夫出于正统观念对寿生提出批评，但这丝毫不会阻碍世间人对烧纸钱的热情。

第五节　西夏文《寿生经》残叶与明版《寿生经》：交流与承袭

2014年11月23日的北京德宝古籍秋拍上，有一批西夏文文献被分成九个标的上拍，其中有一件西夏文《寿生经》残叶。其版式为上带彩图，下为西夏文经文的经折装刻本，高山杉最

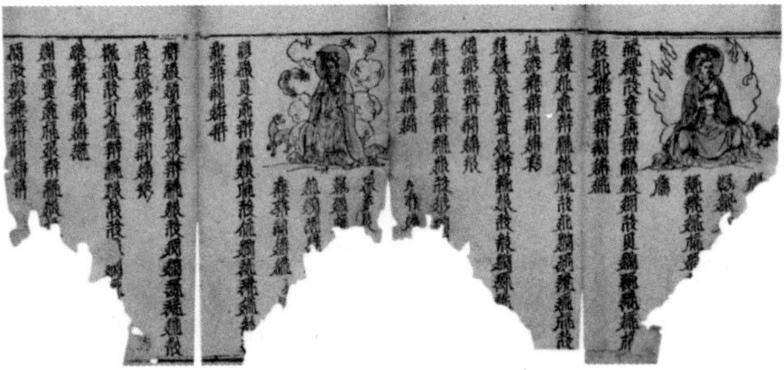

图三　2014年德宝秋拍西夏文《寿生经》残叶

① （明）汪必东：《懋惑赋》，《明文海》，卷二七，景印文渊阁四库全书本，第1453册，第219—220页。

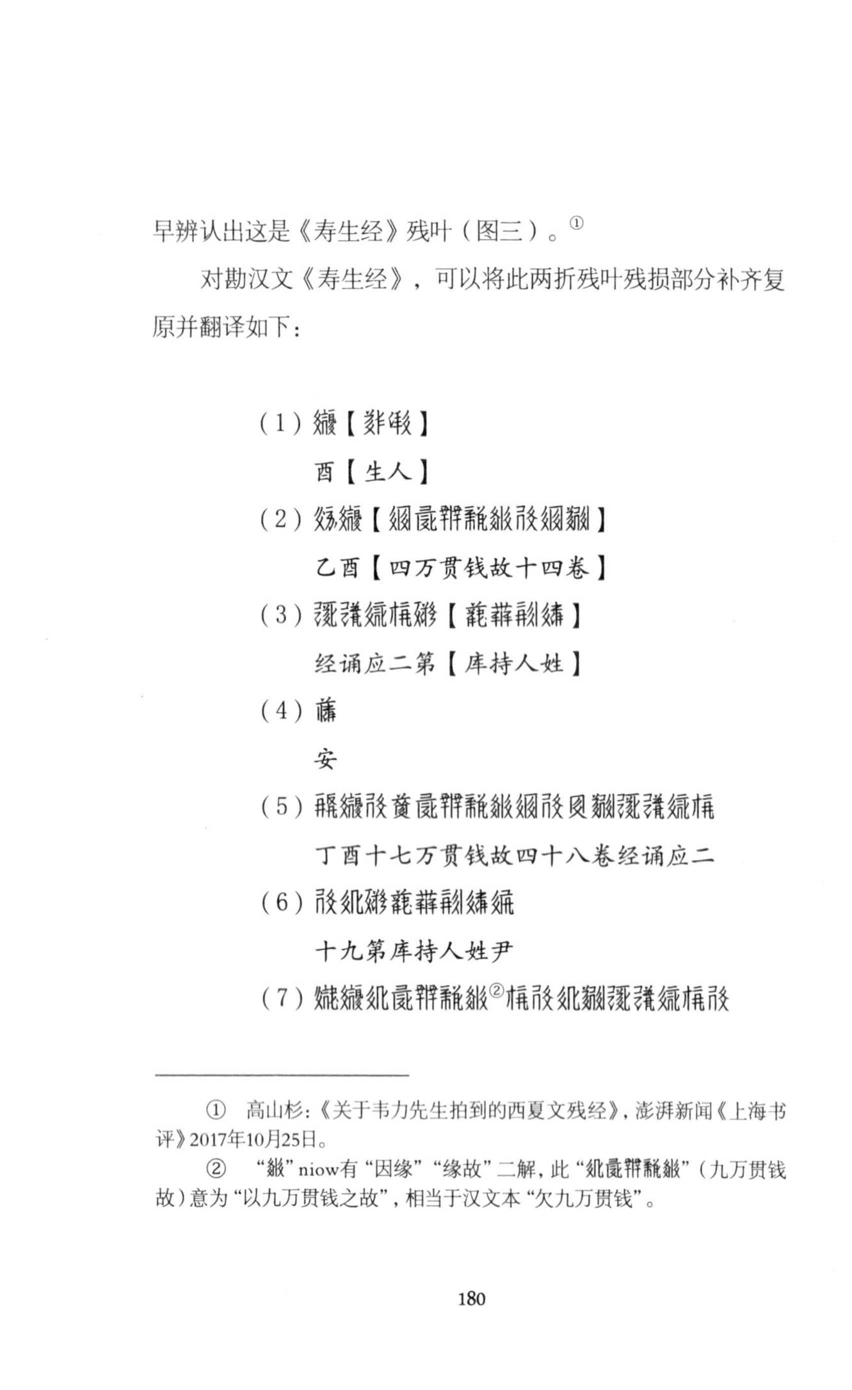

早辨认出这是《寿生经》残叶（图三）。[1]

对勘汉文《寿生经》，可以将此两折残叶残损部分补齐复原并翻译如下：

（1）[illegible]【[illegible]】

西【生人】

（2）[illegible]【[illegible]】

乙酉【四万贯钱故十四卷】

（3）[illegible]【[illegible]】

经诵应二第【库持人姓】

（4）[illegible]

安

（5）[illegible]

丁酉十七万贯钱故四十八卷经诵应二

（6）[illegible]

十九第库持人姓尹

（7）[illegible][2][illegible]

---

① 高山杉：《关于韦力先生拍到的西夏文残经》，澎湃新闻《上海书评》2017年10月25日。

② “[illegible]”niow有“因缘”“缘故”二解，此“[illegible]”（九万贯钱故）意为“以九万贯钱之故”，相当于汉文本“欠九万贯钱”。

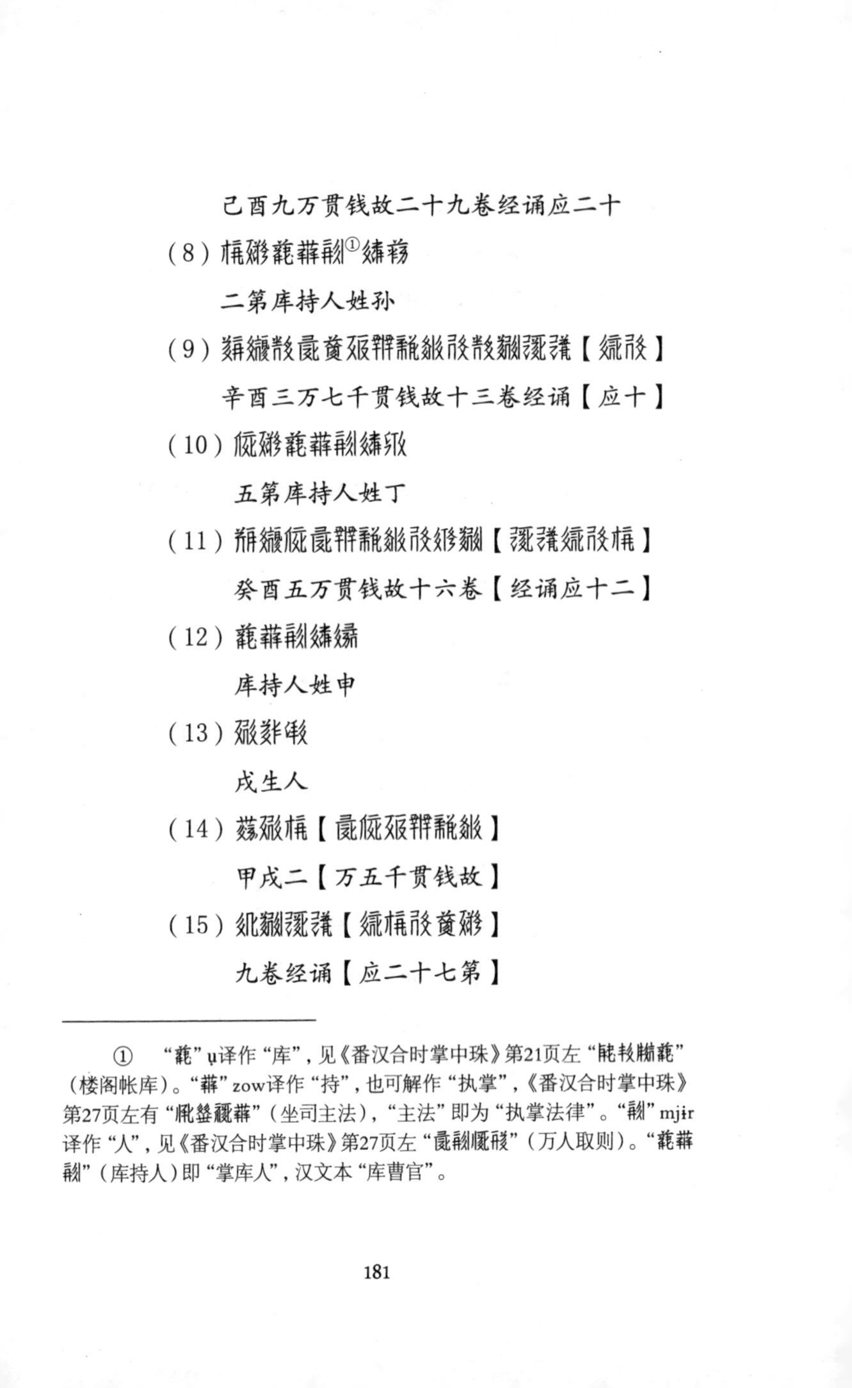

己酉九万贯钱故二十九卷经诵应二十

(8) [西夏文][1][西夏文]

二第库持人姓孙

(9) [西夏文]【[西夏文]】

辛酉三万七千贯钱故十三卷经诵【应十】

(10) [西夏文]

五第库持人姓丁

(11) [西夏文]【[西夏文]】

癸酉五万贯钱故十六卷【经诵应十二】

(12) [西夏文]

库持人姓申

(13) [西夏文]

戌生人

(14) [西夏文]【[西夏文]】

甲戌二【万五千贯钱故】

(15) [西夏文]【[西夏文]】

九卷经诵【应二十七第】

---

① "[西夏文]" ụ译作"库"，见《番汉合时掌中珠》第21页左"[西夏文]"（楼阁帐库）。"[西夏文]" zow译作"持"，也可解作"执掌"，《番汉合时掌中珠》第27页左有"[西夏文]"（坐司主法），"主法"即为"执掌法律"。"[西夏文]" mjɨr译作"人"，见《番汉合时掌中珠》第27页左"[西夏文]"（万人取则）。"[西夏文]"（库持人）即"掌库人"，汉文本"库曹官"。

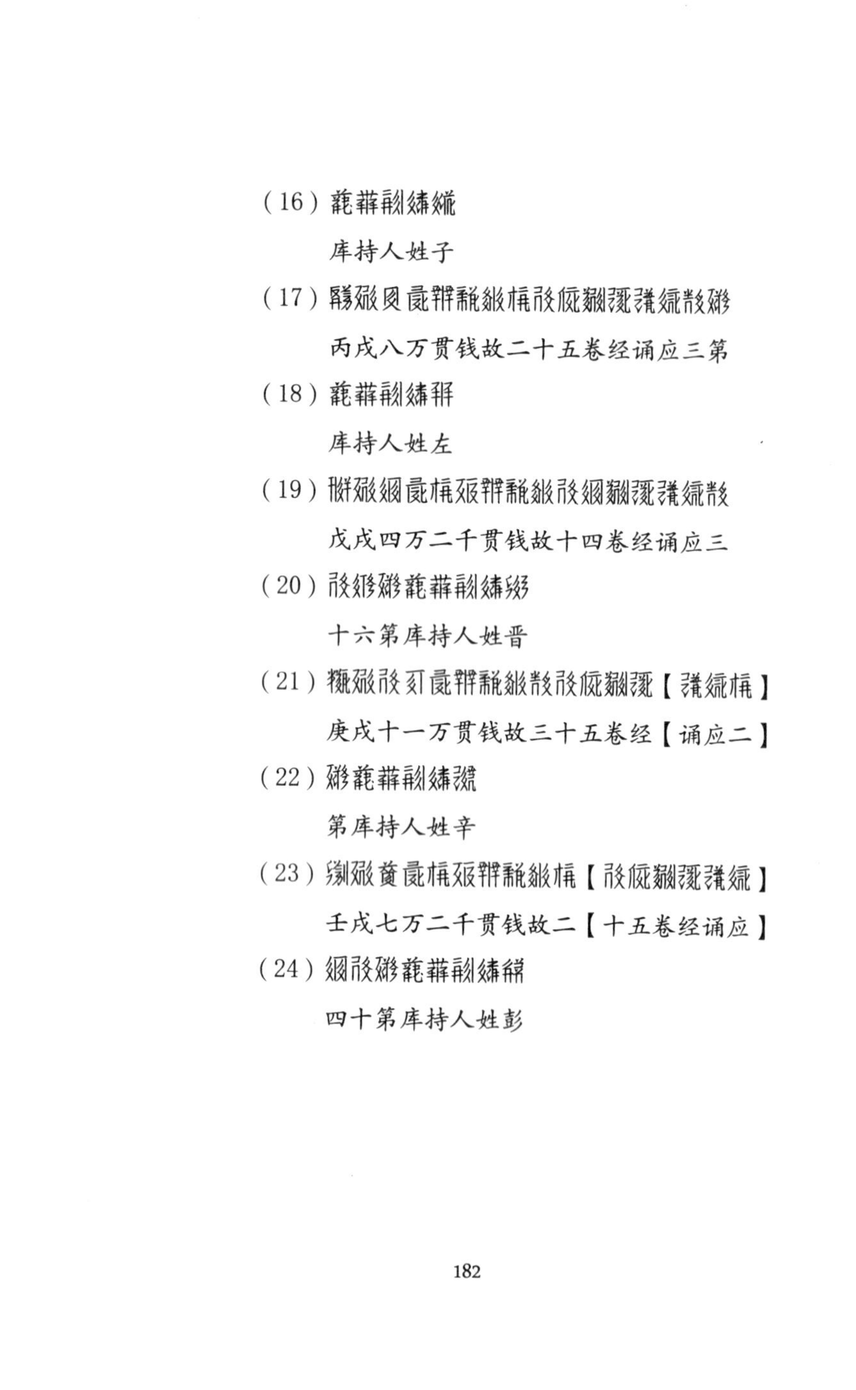

（16）[illegible]

库持人姓子

（17）[illegible]

丙戌八万贯钱故二十五卷经诵应三第

（18）[illegible]

库持人姓左

（19）[illegible]

戊戌四万二千贯钱故十四卷经诵应三

（20）[illegible]

十六第库持人姓晋

（21）[illegible]

庚戌十一万贯钱故三十五卷经【诵应二】

（22）[illegible]

第库持人姓辛

（23）[illegible]

壬戌七万二千贯钱故二【十五卷经诵应】

（24）[illegible]

四十第库持人姓彭

汉译文：

酉生人：

乙酉，（欠）四万贯钱，读经十四卷，（纳）第二（库），曹官姓安。

丁酉，（欠）十七万贯钱，读经四十八卷，（纳）第十九（库），曹官姓尹。

己酉，（欠）九万贯钱，读经二十九卷，（纳）第二十二（库），曹官姓孙。

辛酉，（欠）三万七千贯，读经十三卷，（纳）第五（库），曹官姓丁。

癸酉，（欠）五万贯钱，读经十六卷，（纳）第十二（库），曹官姓申。

戌生人：

甲戌，（欠）二万五千贯钱，读经九卷，（纳）第二十七（库），曹官姓子。

丙戌，（欠）八万贯钱，读经二十五卷，（纳）第三（库），曹官姓左。

戊戌，（欠）四万二千贯钱，读经十四卷，（纳）第三十六（库），曹官姓晋。

庚戌，（欠）十一万贯钱，读经三十五卷，（纳）第二（库），曹官姓辛。

壬戌，（欠）七万二千贯钱，读经二十五卷，（纳）第四十（库），曹官姓彭。

党项人把《寿生经》译为西夏文，证明了寿生信仰在西夏地区的流行，翻译也是一个文化创造的过程，译本以西夏人自己的观念和文化对汉文经典做出自己的理解。翻译中有两个问题：

一、“[illegible]”，如果断句为“[illegible]，[illegible]”翻译为“第二库，持人姓安”，“[illegible]”（持人）不大符合西夏文惯例。如果不断句，译为“持第二库人姓安”，虽符合西夏文行文惯例，但又与汉文经文文例不符。汉文《寿生经》各本库号与库曹官姓名都是单列，这是寿生仪式中很重要的两个信息，牒文必须分别写清楚，尤其库曹官姓名很重要，科仪中有专门迎库官仪式，故考虑库官姓名必单列以符合经文文例，断句为：“[illegible]，[illegible]”（第二，掌库官姓安），“[illegible]”（第二）是指库号，“[illegible]”（库持人）可翻译为“掌库官”，也就是库曹官。

二、曹官姓在西夏文都采用音译，但用字与传世文献颇有不同，例如“晋”姓当译“[illegible]”tsjĩ却用了“[illegible]”tsji（稷），“辛”姓当译“[illegible]”sjɨ却用了“[illegible]”sẽ（僧），“彭”姓当译“[西夏字]”phow却用了“[西夏字]”phiej（裴）。这三个译例在读音上大致可以讲通，但不是西夏时代的用字习惯，似乎说明这部《寿生经》是西夏灭亡之后的译作。其中最富启发性的是“[西夏字]”tsji，这个字在西夏时代的标准对音是“济”，和“晋”的读音差别在于前者没有鼻音尾-n。类似的情况也见于现存河北保定莲池公园的佛顶尊胜陀罗尼经幢，里面把助缘者所在的寺院“兴善寺”译成西夏字“[西夏字][西夏字][西夏字]”xji śji sə，相当于汉语“稀什寺”。“稀”“什”两个字都没有鼻韵尾，但是用来对译带鼻韵尾的“兴”“善”，一般认为这是明代内地党项人的汉语读音特点，[①]不是西夏时代的河西译法。所以，这个本子极有可能是由入明后的西夏遗民翻译、雕印。

上图下文的版式宋代已有，元代更为流行，明代有两个汉文雕版《寿生经》[哈佛燕京广松寺万历四十六年（1618）刊本和国家图书馆藏明代刻本《连相寿生经》]正是这种上图下文的形式（图四）。“连相”一词是指带插图，这是宋元人的习惯用语，今存中国国家图书馆有元刻本《新编连相搜神广记》，其特点就是有神祇的插图。所以，这两个带插图的明版《寿生经》其底本可能早到宋元时期。

通过比较可以看出，西夏文残叶《寿生经》的版式和内容

---

① 郑绍宗、王静如：《保定出土明代西夏文石幢》，《考古学报》1977年第1期，第133—140页。蒙聂鸿音先生指教此处的音韵分析，特致谢。

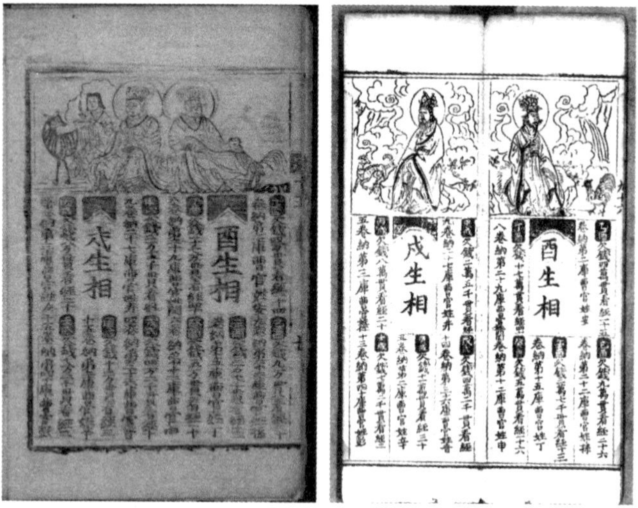

a　　　　　　　　b

图四　明刊本《寿生经》

a. 哈佛燕京图书馆藏松广寺明万历四十六年（1618）刊本《寿生经》

b. 国家图书馆藏明代刻本《连相寿生经》

都与两个明版的这两叶相同，图像中十二支神端坐的形态和旁边的生肖动物图像，其模式如出一辙，基本可以肯定就是从这种汉文《寿生经》版本系统翻译成西夏文。前面已经论述寿生形成中融合了农耕与草原风俗，形成各人群共享的信仰世界，其实寿生信仰在南北之间的传播、交融一直没有停止，多次往返交叠互动，把南北文化的因子裹糅其中。西夏文残叶《寿生经》就显示，中原地区雕版《寿生经》的版式、插图传播到北方，又被西夏文译本完全承袭。

从出土文献可以看到，寿生信仰跨越了南北，在广阔地域上传播流行。俄藏黑水城文献A-32金代抄本与TK108V《阴骘吉凶兆》都是与寿生信仰有关的写本文献，为我们了解当时北方地区民间宗教提供了珍贵的资料。A-32是订在一起的一个抄本，其中几个部分《演朝礼》《梁武忏》《佛说寿生经》《延寿真言》《大金国陕西路某告冥司许欠往生钱折看经品目牒》是一个整体，共同构成寿生经的礼忏仪，是诵经、礼忏、章奏、烧醮等仪式活动的程序指南。所以，可将整个A-32抄本拟题为《寿生经礼忏仪》。而TK108V原题《阴骘吉凶兆》，其实是道教受生经，或当拟题为《道教禄库受生经》。北宋福建地区民间佛教文书《明道二年（1033）福建路建阳县普光院众结寿生第三会劝首弟子施仁永斋牒》是今天能看到最早的寿生信仰实物资料，与A-32对照可以进一步了解十一十三世纪寿生信仰的情况。西夏文残叶《寿生经》虽然只是两折残叶，但让我们看到了寿生信仰顽强的生命力和适应性，也让我们看到了寿生信仰中一直活跃的南北交流和融合。

第四章　大足北宋寿生信仰造像：石篆山“长寿王龛”考辨

石篆山造像是大足石刻的重要组成部分，在北宋中期由严逊开造，原来编号有九龛，2003年又发现三龛，这样严逊开造的十四龛造像中的十二龛已经可以看到。关于石篆山造像也引起了学界关注，杨方冰、陈灼、侯冲、高秀君、李金娟、褚国娟等学者对石篆山造像进行了研究。[①]新发现的三龛造像中，“炽盛光佛十一活曜龛”“观音龛”主题比较清楚，唯独“长寿王龛”的主题和定名尚

① 杨方冰：《大足石篆山石窟造像补遗》，《四川文物》2005年第1期；陈灼：《大足石刻石篆山宋代造像及相关问题》，《大足石刻研究文集(5)》，重庆出版社，2005年；侯冲：《石篆山石刻——雕在石头上的水陆画》，大足石刻研究院：《2009年中国重庆大足石刻国际学术研讨会论文集》，重庆出版社，2013年；高秀君、李金娟：《大足石篆山石刻“十四龛”造像问题考》，《大足学刊》第一辑，2016年；褚国娟：《宋无佛会寺——对石篆山〈严逊记〉碑的分析》，《湖南工业大学学报》2014年第1期。

有不少问题值得探讨。这龛造像的主题和构图独特，至今其他地方都没有发现可以勘比的范本，但其中包含的一些图像元素却能和寿生信仰相关文本勘合，所以在前面讨论寿生信仰源流、经典、仪式的基础上，我们可以对这个长寿王龛进行一些探讨。

第一节　大足石篆山“长寿王龛”的疑问

2003年在大足石篆山佛惠寺对面坡下位于大足与荣昌交界荣昌一侧的河包镇观音阁村罗汉湾发现了三龛新的石刻造像，杨方冰调查后根据《警人损动诸尊像及折伐龛塔前后松柏栽培记》碑（以下简称《严逊记》）所述及其地理关系认为，这三龛新发现石刻与原有石篆山摩岩造像属于一个整体，都是北宋严逊所刻的十四组造像中的内容，故将这三龛造像纳入石篆山造像编号。原来石篆山造像共编9号，现将这三龛依次编为第10、11、12号：第10龛“炽盛光佛十一活曜龛”，第11龛“长寿王龛”（按：杨误为“山王龛”），第12龛“观音龛”。笔者以前曾撰文讨论过其中的第10龛“炽盛光佛十一活曜龛”[①]，这里希望进一步探讨第11龛“长寿王龛”的命名和

---

① 韦兵：《“星神尤乐蜀中”：唐宋四川地区炽盛光佛星曜神图像研究》，大足石刻研究院：《2014年大足学国际学术研讨会论文集》，重庆出版社，2016年。本书使用杨方冰对新发现三龛的编号。

性质。此龛有残损，据杨方冰描述：

该龛造像按从左至右记述：第一像，胸部以上漫漶模糊，头戴方形帽，身著窄袖长服，双手相握，持一长杆形状物（上半截已毁）置于腰际，足著圆头鞋立于平台上，像高99、肩宽25、胸厚9厘米。第二像，背北面南，头残毁，身着窄袖长服，腰际扎束巾，左手提握两束穿孔圆钱钱串置于腰际，右手托一物（残漶）置于右胸（按：实际为一卷牒文），足著圆头鞋立于平台上。残像高 87、肩宽25、胸厚9厘米。第一像与第二像间（即东北转角处），刻穿孔圆钱钱串堆码，钱串可见钱孔以及穿钱的线绳，堆码整齐，排列有序，东面钱串堆码15层，高46、宽38 、厚19厘米，北面钱串堆码17层（非常清楚），顶层若干钱串漫漶不能计数，总高69、宽36、厚17厘米，两堆钱串紧紧相连，堆放在东北转角处，两个守钱库人之间。第三像，刻一老者像，头部漫漶（按：此非老者，从发型看是小僮，现在看到的头部五官是后来村民补塑的），身着窄袖开边衩长服，左半身隐于门内靠门框，右腿以下露出衩外，右手扶门框摸门环，足著圆头鞋，倚门立于屋内向外作盼望状，像高71、胸厚14厘米，门为双扇门，刻有门框，高98、宽 34、厚16厘米，门槛长 96、高 14、厚4厘米，右扇门向里开，左扇门作关闭状，门上方毁。第四像，头扎软布巾帽，面部局部漫漶，头部略向左偏，怒目圆睁，作吃力状，身着窄袖短服，裤短，紧裤口，赤足，腰际前后束裹兜袋，双手持大捆钱串顶于头顶作急行状（按：此为一个力伕的形象），像高77、胸厚10厘米。第五像，头戴冠，面部表情威严，下颌残，身着圆领窄袖长服，腰束玉带，双手相握持一物（物残）（按：此亦为一卷牒文）置于胸前，身体右侧腰部以下残毁，足著圆头鞋立于平台上，像高90、肩宽24、胸厚6厘米。第四像与第五像间刻两方形物件相叠，根据考证，上面小方形有钮和线绳作绾结状的拟为权（秤锤）（按：此为有钮的匣子，装印信所用），高9、宽 13、厚10厘米，下面上大下小方形物似为斗，高 20、上宽 21、下宽18、厚 13 厘米 。龛右壁（西面）已塌毁。①

笔者赴此地考察，对杨先生的描述有一些不同的看法，见上

① 杨方冰：《大足石篆山石窟造像补遗》，《四川文物》2005年第1期。

图一　石篆山第11号长寿王龛2003年出土时情况（杨方冰　摄影）及力伕线描示意图（韦俊辰 绘制）

图二　2016年长寿王龛情况　（韦兵　摄影）

按语。下面是此龛新出时的照片（图一）和现在的状况（图二）：

关于此龛所谓“长寿王”，究竟为何种神祇，相关研究并不多，有学者认为这就是《长寿王经》及长寿王本生里所讲的长寿王。但诸多疑问随之产生：一、《长寿王经》是早期翻译的佛经，译者已经不可考，对照《长寿王经》及本生，[①]其情节和此龛描绘的情景完全不相干；二、佛教长寿王题材在佛教造型艺术里属于比较罕见的内容。佛教传入中国以后有一个和中国文化融合的过程，这一过程也是一个筛选的过程，一些题材被突出，一些题材被淡化。长寿王故事在中国佛教里就属于被边缘化的“僻典”，后世基本没有影响。石篆山开龛人严逊是北宋中期四川偏僻农村的一个田主，所开龛的主题都是当时非常流行的信仰，为何此龛偏偏要选一个生僻、在宋代基本没有影响的长寿王主题呢？这显然不符合严逊的“知识结构”，这个田主了解当时已经几乎没有影响力的《长寿王经》和长寿王本生的可能性非常小，更不用说出资来为这么“高古”的本生故事开一个龛，这从逻辑上就讲不通，用《长寿王经》来解释这龛造像显然存在问题。严逊开龛的选题都和当时流行的信仰有关，这些主题反映了十二世纪一个偏远乡村田主的价值观念和人生寄托，其中的长寿王龛也是如此，一定是为当时人较

① 《长寿王经》，《大正藏》，第3册，第1卷，第386—388页。

为普遍认同的流行信仰。我们必须重新思考严逊开凿的长寿王龛，探讨其背后究竟是一种什么信仰。由于此龛没有任何题记文字可帮助我们确认其所表现的长寿王是一种什么信仰，那么我们就不得不从图像本身出发，结合宋代社会实际的信仰状况推断此龛的内容和性质。

此龛图像有几个元素值得我们注意：钱库、官吏、书契、力伕。把这些元素联系在一起思考，就会发现只有寿生信仰同时具备这几种题材要素。而且，严逊标明的长寿王和寿生之间都有一个寿字，究竟是巧合还是存在内在联系，要进一步进行探讨，通过对勘图像细节和寿生信仰，以判定二者之间是否存在关系。

第二节　“长寿王龛”即寿生造像的论证

基于前面对《寿生经》和寿生信仰的研究，此处可以将寿生信仰的要素与长寿王龛的要素进行比较对勘，以便确立二者关系。我们可以从以下几个方面推判二者的联系：

一、长寿王信仰、寿生信仰在流行性、普遍性上的一致：长寿龛所表现的一定是宋代民间流行认同度很高的一种信仰，严逊在石篆山开造的十四龛造像主题如文殊普贤、老君仙人、孔子十哲、十王地藏、诃利帝母、志公和尚等都是如此，是当时民间普遍的流行信仰。长寿王也一定如此，是一种较为大众的信仰，不会是高古、生僻的长寿王本生。严逊选择开造主题有他自己的标准，这些标准出自十二世纪一个乡间田主的价值观，这位田主的价值观是由当时的流行信仰塑造的，正是这种价值观和知识结构决定了他选择的造龛主题。他不会为一个他基本没有可能了解认同的《长寿王经》和长寿王本生故事花钱出资开龛，这不符合他的知识结构和价值标准。他选择的那些主题都非常符合他下层民众的身份和知识结构：流行、通俗、认同度高。寿生信仰正好就是当时非常世俗化、非常流行的一种信仰，尤其在下层民众中很有影响，如果严逊选择开造一龛寿生造像，就非常符合他的身份和知识结构，在逻辑上能讲得通。

二、长寿王与《寿生经》中“长寿王菩萨”的一致：如果说长寿王龛不是长寿王本生而就是寿生信仰造像，那么龛名“长寿王”和寿生信仰之间如何建立联系呢？《寿生经》中说信仰寿生可以免除十八种灾难，有十位菩萨护持：据黑水城文献A-32《佛说寿生经》这十位菩萨是“长寿王菩萨磨诃萨、延（寿）王菩萨磨诃萨、增福寿菩萨磨诃萨、除障菩萨磨诃萨、观世音菩萨磨诃萨、长安乐菩萨磨诃萨、长欢喜菩萨磨诃萨、解冤结菩萨磨诃萨、福寿王菩萨磨诃萨、地藏王菩萨磨诃萨”。其首位护持菩萨就是长寿王菩萨，如果说石篆山长寿王龛就是寿生造像龛，那么龛名“长寿王”的来历就是《寿生经》里排名第一的长寿王菩萨，这是二者存在逻辑关联的重要证据。而且十位护持菩萨中，除长寿王菩萨以外，还有延（寿）王菩萨、增福寿菩萨、福寿王菩萨共四位带“寿”字的菩萨。《寿生经》还宣说还寿生钱可以“得贵、得富、得寿”，得寿是其重要目标。黑水城文献A-32宋金时期《寿生经》，末尾所附真言称为《延寿真言》：“天罗咒，地罗咒，日月黄罗咒，一切冤家利我身，磨（摩）河（诃）般若波罗蜜。” 所以，“寿”是《寿生经》、寿生钱的一个重要关节。前已论及《寿生经》也名《受生经》，“寿生”就是“受生”，“受生”意思是上天注受福禄而为人，文意上比寿生要通顺。但后来受经中祈求的“得寿”观念及上引经文中四位寿字护持菩萨影响，“寿生”反而比“受生”流行。所以，寿生信仰中，“得寿”的主题其实非常突出，“寿生”取代“受生”，这也是原因之一。如果从这个思路去思考，严逊的时代有可能就是把寿生经主题称为“长寿王”，这个得名来源于《寿生经》的首位护持菩萨“长寿王菩萨”，以及《寿生经》本文、《延寿真言》所突出的对“寿”的强调。虽然没有文献的支持，我们基于上面的间接证据判断，长寿王其实是取《寿生经》首位护持菩萨作为经名的代称，这是民间对寿生信仰的一种希图吉祥的称呼。民间很流行各种希图吉祥的美称，长寿王或许就是严逊生活的宋代大足一带地方对寿生的吉祥美称。

为了进一步说明长寿王和寿生间的关联，我们还要引用文献来说明《寿生经》对寿的强调，越多证据说明这种强调存在于寿生经典，寿生信仰被美称为长寿王的说法在逻辑上才越能成立。据《慈悲寿生经忏》：

> 唐僧问于佛曰："福禄寿三星何以独寿有钱也？"佛曰："你不知三星中必以寿为先，所以借钱也，盖人非寿以生，父不知寿而子曰独，夫不知寿而妻曰寡，子不知寿而夫曰孤，妻不知寿而夫曰鳏，此乃知鳏寡孤独以不寿而变成也。人寿于生，父全寿而子有福，子全寿而父有禄，夫全寿而妻有福，妻全寿而夫有禄。此乃见福禄寿三星必以寿为生全也。"唐僧豁然悟曰："善哉言也，诚哉寿有生钱也。"[①]

明代以来寿生经典加入了唐僧取经的内容，所以这部《慈悲寿生经忏》借唐僧和佛祖的问答说明了寿生信仰中寿的重要性，解释了同为人生祈求得到的福禄寿三星，为何唯有寿需要借还寿生钱。据其逻辑，人生最悲惨的鳏寡孤独都是因为缺乏寿，而给予人们幸福的福禄寿三星的根本在于寿，福、禄是

---

① 《慈悲寿生经忏》，上海图书馆藏清末宁波三宝经坊刻本。

寿派生出来的。《慈悲寿生经忏》是演绎寿生经内涵的经忏文献，时代虽然晚到清代，但是其中体现的民间信仰的逻辑其实和宋代没什么不同，其中对寿生中寿的强调和理解也是相同的。在这种民间信仰的心理、习惯和逻辑之下，寿生被美称为长寿王是有理由的。此外，配合寿生仪式需要诵念还愿的《金刚经》，在民间又叫《续命经》，"能一日之内，转千卷《续命经》，当得延寿"[①]，这也是突出寿生信仰追求续命长寿的特点。上海正一派陈莲笙道长回忆：辛亥革命之后所做法事项目中"还受生"一项，归在"延生"类。[②]寿生作为长生延寿仪式的观念是一直延续的传统。

三、长寿王和寿生信仰在与其他神祇组合上的一致：古代人们的信仰中通常习惯性地将某几个神祇放在一起崇拜，以达到某种理想中的目的。比如寿生寄库信仰，通常和十王预修、炽盛光佛组合在一起，十王和寿生寄库都是预修，就是在生前提前修冥福，为后世来生打算。十王和预修的关系前人已经论述得非常清楚，毋庸赘言。寿生寄库也是预修，侯冲将其归入

① 《太平广记》，卷一百十二，《张御史》，第3册，中华书局，1961年，第776页。

② 陈莲笙：《上海近代道教的变迁》，《陈莲笙文集》，上海辞书出版社，2009年，第278页。

预修斋供，[1]其侧重点与十王不同，又与十王关系密切，后期的寿生经典融汇了十王的内容（也可以说寿生是十王主题的一种衍生发展，两者关系密切）。炽盛光佛十一曜信仰中星曜主宰人的祸福寿夭，出生时候的星曜组合决定了人的命运，人们斋醮星曜，避祸趋福，这是侧重解决今生现实问题的信仰。这一组信仰里面有一套逻辑，分别顾及了三世的福祉：寿生信仰是强调还今生投生时所借冥债，着眼点是还旧债；炽盛光十一曜是要避免灾星恶曜在今生带来祸患；十王是生前预修，以免死后七七日内受苦；寄库是预存来生投生所需福禄。用时态打个比方，寿生是过去时的前生，炽盛光星曜是现在时的当下，十王是将来时的未来，寄库就是更为遥远的将来时。当然，这种区别不是绝对的，宗教实践中常常打破这些界限，比如炽盛光佛星曜本来偏重祈求星宫清吉的现世福祉，但在实践中也有荐亡功能。所以，这几种仪式在功能上有交叠，越到后来这种功能的交叠融合越明显。

寿生、十王、炽盛光星曜信仰的组合在福建佛教仪式文书中可以看到文献实物。这批文书是北宋明道二年（1033）到皇祐六年（1054）福建路建阳县普光院中，以施仁永为会首主持的系列法事留下的仪式文牒。从这些文书看，当时举行的法事

---

① 侯冲：《中国佛教仪式研究：以斋供仪式为中心》，第六章《预修斋供》，上海古籍出版社，2018年，第380—441页。

有几类，除施仁永在佛诞斋僧忏供仪式文书一份之外，其余都是上述三种法事留下的文书，即寿生、生七十王预修、炽盛光星曜，这三种仪式的组合顾及了三世的关怀，在当时民间非常流行。我们可以分析这种组合所体现的逻辑，最早在明道二年（1033）举办的就是寿生仪式，此年施仁永40岁，这个法事重点是还前生的债，以求今生长寿富贵，现世的考虑占主导。皇祐三年（1051）举办的是炽盛光星曜法事，主要是求现世星宫清吉，可能此年星命算出有灾星恶曜照临，所以举办专门针对星曜的炽盛光法事，这个法事还附带追荐先妣冥福。皇祐五年（1053），施仁永年过花甲，生死问题比较迫切，所以举办十王生七预修，以资冥福。

福建的宋代文书说明寿生、十王、炽盛光星曜三种主题组合在一起在宋代民间比较流行。明道二年（1033）施仁永做法事和元丰、绍圣年间（1082—1096）严逊开龛，时代相隔不远。严逊开龛里面，十王、炽盛光十一曜都很明确，将长寿王龛定为寿生应该有一定合理性。这三种信仰组合自成体系，反映了对三世福祉的关怀，是当时普遍流行的一种信仰知识。这种信仰知识从东南的福建到西部的四川是人们共享的，是当时人们的普遍性宗教认识，没有地域的差别。北宋中期，无论福建的施仁永还是四川的严逊，他们都相信这三种信仰主题组合的内在逻辑。如果接受这种说法，我们就可以理解为什么严逊把炽盛光十一曜和长寿王（寿生）刻在一起。

四、长寿王图像元素与《寿生经》情节一致。

长寿王龛现存图像和《寿生经》情节有对应，从左到右依次可以理解为：

（1）一男子双手持书卷而立，这是举行寿生法事的斋主严逊执寿生牒文而立。在第7龛中，严逊曾把自己的形象刻入造像，手持香炉，侍立佛菩萨身边。与第7号“毗卢释迦弥勒佛龛”的严逊形象相比较，可以看出无论面部形象、头冠、服饰都与11号龛左首这一男子一致，可以确定这就是严逊本人（图三）。选择把自己的形象刻入这两龛，必定是因为这两龛所表现的内容被严逊认为最重要，这也明显表明了严逊的价值取向。《寿生经》：“南瞻部州众生受生来时，各于十二相属五等库下借讫本命受生钱数，省记者还讫元欠，作诸善事，得贵得富得寿，若不还冥债，不种善根，得贫得贱得夭。”举办寿生法事皆有牒文，牒文一式两份：一份是阴牒，法事时烧掉，由冥间判官执收，表示收到了由法事斋主烧寄来的寿生钱；一份是阳牒，由斋主收存，死后随葬，带到冥间，与判官收存的阴牒对勘，验明以前烧来寄存的钱确属斋主所有。阴牒末尾写“缴某曹官”，阳牒写“给某斋主”。寿生仪式牒文对此有进一步说明：

a　　　　　　b

图三　石篆山第7龛与第11龛严逊形象
a. 第7号毗卢释迦弥勒佛龛
b. 第11号长寿王龛

斋主某复备冥衣楮币钱串金银钞锭，封作若干扛，编记字号，明白恭封觉皇坛下，印封讫，投寄冥府第几库，其曹官库收贮，以充福本，当坛出给阴阳册籍二部，将所寄□扛逐一登载，各立合同、印信、花押。阴籍当于某夜化库之时，对案披宣焚缴；阳籍给付斋主某收执，俟百年数沟之日，执此册籍亲到案下逐一比对查验符合，任凭支用销缴，今将所寄贮库

□扛开具于后。[1]

严逊也应该是按照这种仪轨举行寿生斋会，烧寿生填还冥债，寄库预修。法事之后，严逊执阳牒而立。前面讨论的福建建阳施仁永寿生法事文书就是这种阳牒，图像中严逊手中所执也是这种东西，由于时代接近，其格式内容估计也和施仁永的一样。阳牒法事后交由斋主收存，死后随葬。黑水城文献A-32末尾的整理者题为《告冥司许欠往生钱折看经品目牒》的后半部分，也是烧醮冥司寿生牒文书仪。这种寿生寄库法事，斋主一生会举办多次，每次法事后都有阳牒作为凭证。道教《灵宝天尊说禄库受生经》把牒文的事情说得很明白：善男信女“修斋设醮，准备所欠受生钱数及许元辰之财，一一明具合同疏牒，烧还本属库分者”[2]，这是说阴牒要随着寿生钱一起焚化，阳牒斋主保留。这个阳牒对斋主非常重要，是他举办法事烧醮寿生的证明，死后要凭此到冥府勘合阴牒，提取冥财，所以要妥善收存，死后随葬。

图像中严逊身边那个台子上所放为带钮装印信的匣子，牒文需要加盖印信才生效，如前引明代《寄库阴阳册籍式》：

① （明）冰雪道人：《雅俗通用释门通用》，卷九，《寄库阴阳册籍式》，早稻田大学藏楚南宝庆府宋三益堂重刊本。

② 《灵宝天尊说禄库受生经》，《正统道藏》，第10册，新文丰出版公司，1977年，第118页。

“各立合同、印信、花押”，牒文末尾加盖“阴阳籍合用印信记”。又清代《寿生宝卷》：“给行路引合同，勘合用印分明。”[①]科仪中也有专门提示：“执印打合同”，“于此扣合同打印完，阴牒收拾好处，阳牒给付主人”[②]，所谓“扣合同打印”就是阴、阳文牒的骑缝章，以备日后查验。除了合同牒文，搬运途中关卡要验看放行的路引也要盖印，完全和阳间一样，这也是强调用印。印信对斋主很重要，有了印信路引才能畅通冥途，而加盖印信的牒文合同之后在阴间“查验符合”，才能支取冥财。这是模仿世间钱库印信规范，官钱出入，每一步都离不开印信：“雕一支‘某年分和买钱讫’印子，长尺余，置案上，亲自印于户帖，或去年纳钞后，免重迭请去。”[③]这是说官府向民间发放贷款的时候，要刻一枚印文“某年分和买钱讫”的印章，长一尺多，放在案子上，县官亲自印在承贷人户帖或作为去年纳税证明的钞上，以免有人重复领钱。

出土文物可以印证寿生仪式中的印信使用，江阴市叶家宕墓地M3明代周溥墓出土过一件纸质寿生牒文封套，牒文墨书，

---

① 侯冲整理：《佛门受生宝卷》，《藏外佛教文献》，第二编，总第十三辑，第241页。

② 《灵宝受生填还左案科》，清道光丙申刘道玄抄本，私人收藏。

③ （宋）李元弼：《作邑自箴》，卷四，《处事》，中华书局，2019年，第26页。

楷体，五行，内容为："存日答还受生阳牒二道，计还受生钱二遍，酬答上项原借冥钱。伏望冥官照鉴，庶无沉滞，速判亡魂生方净界者。"其中有灰烬，就是入葬时焚烧的阳牒。受生牒与衣物疏一起置于墓主尸体的腹部，其上再置一香袋。衣物疏纸质，疏文曰："今具……香袋一个，内有信香十六块，受生牒二道。"受生牒套正中钤方印，再于其上书写牒文。印痕朱文，九叠篆，印文为"寿禄福持之印"。①这是寿生仪式中用印之一种，此印文"寿禄福"与通常"福禄寿"三星的习惯说法用字顺序颠倒，寿字排在第一位，这是寿生突出延寿、长寿意味特点决定的，这种以寿为先的三星用字顺序是寿生信仰的标志之一。石刻中描绘的印匣就是装有这类寿生印信，因为其在仪式中的重要作用，造像特别选取这个细节来表现。

（2）一力伕肩扛十数贯铜钱费力前行，铜钱很沉重，力伕被压得呲牙裂嘴（图四）。这个图像里的力士就是冥间的阴差力伕，负责搬运等差事，称为水脚搬运使者，寿生仪式牒文里面会专门疏文请冥府发力伕搬运："烦地府七金山发到水脚搬运使者共扛抬至地府某库某曹官案下交纳。若受生钱则书阴府寿生院某库交纳，以填完贷之名，所有实际扛逐一开具于后。"这些力伕称为水脚搬运使者，也叫车夫力士，他们搬运

① 高振威、周利宁：《江苏江阴叶家宕明墓发掘简报》，《文物》2009年第8期。

冥财至地府收纳，沿路还需要路引："在冥关门上一应关津把隘去处毋得关当羁延及损坏、□印、磨、疏失等事。并仰遵依佛旨风火奉行须至引者，右引给付七金山搬运水脚力士，其几名沿途照验，准此。"[①]打点车夫力士在寿生仪式中很重要，人们认为力伕尽力才能把冥财顺利搬运进入府库，所以要专门关照力伕，给他们路费盘缠、路引："车夫力士，且听吾言，箦箱要你搬运。与你纸钱，路费盘缠。给你路引，验看施行。交与库内，耐心守百年。"[②]从上引《寄库阴阳册籍式》可以知道，这个搬运使者所驮的铜钱的计数单位是"扛"，图中搬运使者所驮就是"一扛"。

（3）一髡发僮仆倚门，半身探出门外，似在迎接力士进门。宋代造像半身倚门探首的形像已经有较为成熟的研究，这种图式代表一种过渡，门内和门外是两种不同世界，门外是阳间，门内就是冥府阴界（图五）。寿生科仪中有库吏童子、支分童子，[③]是冥府钱库曹官眷属之一，支分童子掌管出贷官钱时支出钱贯等杂务，开门迎送估计也是此类僮仆的职责。世间

---

① （明）冰雪道人：《雅俗通用释门疏式》，卷二，《宗蕃还受生疏》，早稻田大学藏楚南宝庆府宋三益堂重刊本。

② 侯冲整理：《佛门受生宝卷》，《藏外佛教文献》，第二编，总第十三辑，第242页。

③ 《请曹官科范》，《佛门生斋全集》，侯冲藏清代抄本。

图四　搬运使者细部

图五　斋主严逊、搬运使者、倚门僮仆

官库出贷由库子（库吏）负责将钱贯支出交付甲头，[①]支分童子从命名上可以看到库子职责的痕迹。科仪文本把此类钱库中掌杂务的僮仆总称为“库子库孙”，这些提法都有助于确定这个髡发僮仆造像的身份。

（4）整齐堆叠的铜钱串子，旁边站立两人，一人手中持有两串铜钱，一人手中持杖。这是冥府本命财库，斋主烧的寿生寄库钱经水脚搬运使者运到后就收缴在这里。据《寿生经》十二相属六十甲子生人在冥府各有曹官执掌，每库曹官各有姓名，寿生疏牒要写明斋主所属生辰甲子曹官姓名。持铜钱者为本库曹官，背后堆码整齐的铜钱就是其掌管的冥府钱库（图六、图七）。黑水城文献A-32末《告冥司许欠往生钱折看经品目牒》中写道，在烧寿生时，其中一百贯文要给本库曹官等。持杖者的身份也可以通过寿生科仪中提到的冥府钱库僚员来确认。这些僚员除上面提到的支分童子、库吏童子以外，又有攒散大神，支分童子经办出贷支出官钱这类琐碎事务，而攒散大神是把收纳、折扣出的零散铜钱，重新编攒成整贯。出贷官钱的事务要在众目睽睽下进行，而且制度要求不能犯手，这是没有油水的差事，所以是支分童子一类僮仆来经办。而把零散铜钱重新编攒成贯就不同了，可以揩油的地方甚多，除了“大

---

① （宋）李元弼：《作邑自箴》，卷四，《处事》，中华书局，2019年，第26页。

图六　掌库曹官和冥府财库

图七　冥府财库

图八　钱库僚员

神”，一般不可能得到这类美差。此外，还包括管理合同文档的架搁大神，充当曹官助手的曹僚典吏、使者，负责文书合同勘对的勘合大神，掌管钥匙的锁钥大神，负责保卫的护库大神等，[①]持杖者的身份可能是上述曹官僚员中的任何一种（图八）。层层堆叠齐整的铜钱贯串，其实是官府钱库的规矩，宋代州县钱库有规定："钱库常切排垛齐整，与历尾、库经相照，仍常写空头门牌，以备官员不期到来检点。"[②]特别强调钱库要堆叠齐整，有条理秩序，这样我们就能理解造像表现齐整堆垛的钱串是为了表现冥府钱库。

以上四部分图像和《寿生经》及相关仪式可以勘合，其连贯的图像叙事也可以用《寿生经》及仪式来解读，我们大致可以判定这龛造像和寿生信仰有关系（图九）。但是仍有一些问题需要进一步说明：寿生信仰中有一些关键的要素没有出现在这龛造像里，比如烧纸钱和抄经的场面，这在明代《寿生经》扉画中有表现，是寿生图像的要素之一。今存此龛左边残损，按照图像叙事来推测，左边残损部分或可能如明代刻本扉画一样，有对佛烧纸钱和抄经的场面。明代扉画有文字说明图像内容："此乃对世尊面前烧奏生前受生钱债，还足冥司，致于

① 《请曹官科范》，《佛门生斋全集》，侯冲藏清代抄本。

② （宋）李元弼：《作邑自箴》，卷五，《规矩》，中华书局，2019年，第33页。

图九　石篆山第11号长寿王龛造像线描示意图（韦俊辰 绘制）

身亡，不坠阿毗，却得人身。看经折还足”，“此乃看《金刚经》与《受生经》，折还生前所欠下冥司受生钱债，看此《受生经》，感经中十地菩萨现”（图十a、b）。或如清代扉画，有在冥府十王、判官监督下查对簿籍的图像（图十c）。如果有这些图像元素，就更能说明问题。另外，十二相属和六十甲子生人分别所欠冥债数量、所属库号及曹官姓名，也是《寿生经》很重要的部分，推测严逊至少应该刻出他自己生年相属和干支所属库号所欠冥债及曹官姓名。考虑到此龛残损，这个部分今天看不到了。笔者在考察时，该处造像已经由村民自行修建庙宇供奉，一些残件放置在庙门外，应当就是从此龛和炽盛光佛星曜龛残损剥离下来的。笔者已经考证这些残件中就有星神造像。还有一些残件以前不知道如何归类，现在可以从寿生

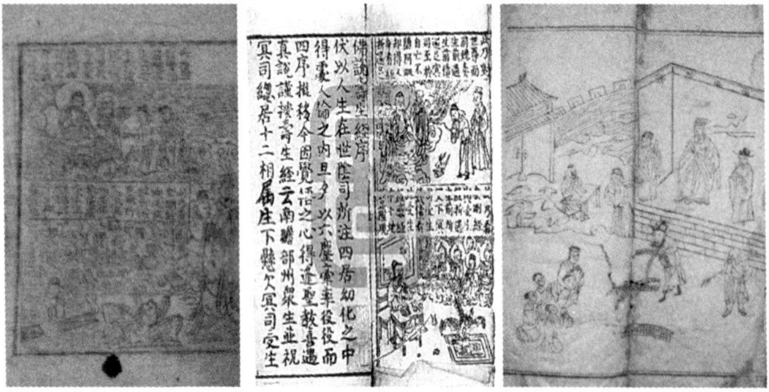

a　　　　b　　　　c

图十　明清《寿生经》刻本寿生图像

a. 哈佛燕京藏朝鲜曹溪山松广寺万历四十六年（1618）刊本卷首扉画

b. 国家图书馆藏《连相寿生经》卷首扉画

c. 清末宁波三宝经坊刻本卷首扉画

的角度重新做一番思考，应该有收获。同时，长寿王龛开造于北宋中期，当时寿生主题造像还没有形成稳定的图式，明清时代标准的寿生图式的构图没有出现在这龛造像中，这给确立这龛造像的性质造成了一定困难，我们不能以明清定型时期的寿生图式来勘比长寿王龛。但是寿生主题的一些元素是独特的，比如上述财库、搬运使者、牒文等，尤其是这些主题一起出现时更有说服力，很难把这些独特元素的组合与寿生以外的其他主题联系起来。到目前为止，虽然没有直接的如题记等证据，但通过侧面证据和图像分析，我们认为这龛造像是寿生造像的可能性最大。

寿生寄库水陆画为我们提供了另外一个可以和长寿王龛进行比勘的图像文本，下图是一幅清代寿生寄库主题的水陆画，估计是在举行相关仪式时悬挂（图十一）。这个水陆画内容按叙事顺序从下到上分三层：下层左边一人正在打凿冥钱，右边四人是运输冥财的车夫力士，三人围坐喝酒，其中一人正将赏银握在手中打量，左边一人已经起身整理绑腿，准备出发，这是祭赏车夫力士。中层一官吏扛“火速奉行”牌子，提“正堂公务”的灯笼前边开路，后面跟随挑担推车，押送冥财的车夫力士，前面官吏就是寿生科仪中提到负责管理车夫力士的督押冥吏。上层中间据案而坐的红袍官员就是地府六十甲子钱库曹官，旁边站立执笔打算盘者为判官，正向曹官汇报，案上有文牒，记载寿生寄库负欠和积蓄。案下所跪者是一个车夫，正在呈缴记载押到冥财数量的阴牒，曹官判官正据此核对冥债。左边坐在椅子上拿着烟杆、折扇的是库吏，负责冥财出纳，他背后就是冥府“金银库”。右边是一个黑面健壮持竹杖者，从其外形看，这就应当是曹官手下护库大神。这个水陆画完全按照寿生寄库科仪来绘制，包括很多细节，如打凿冥钱、祭赏车夫、冥财押运等，包括曹官着红袍，都是逐一遵照科仪。装冥财的箱箦画成红色也有依据，这就是科仪中说的“红箦”“红箱”，内贮“花绫彩缎金定（锭）银定（锭），大冥衣钱金

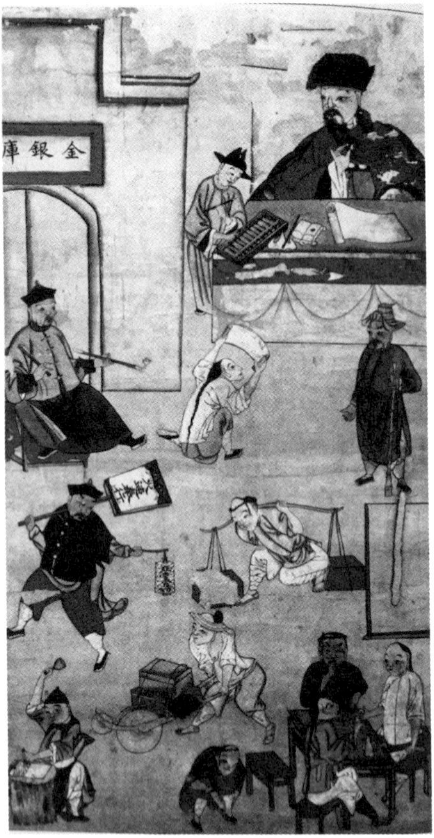

图十一　清代寿生寄库水陆画[1]

① 胡彬彬等：《丹青教化：长江流域民俗文化与艺术遗存（水陆画）》，湖南大学出版社，2013年，第229页。此图承李晓宇兄检示，特致谢。

帛钱钞”[①]。尤其上层图像与石篆山长寿王龛颇多能够对勘之处：水陆画直接画出了金银库匾额表示冥府钱库，而长寿王龛用童子开门和堆叠的铜钱代表冥府钱库；曹官在两个图像中皆居中，以示尊贵，且都有对牒文的表现，石刻表现曹官手执文牒站立，水陆画表现曹官据案审定文牒；水陆画中有祭赏车夫，也有车夫挑担推车，长寿王龛表现的是车夫力士正费力扛着冥财入库，两个图像中都有运送冥财的车夫力士，用不同形式表现他们辛苦费力，运送冥财的形象。二者右边都有一个执杖者，石刻头部残损太甚，水陆画可以看得非常清楚，是一威武健壮之人，应该是科仪中提到的护库大神。虽然遥隔近千年，但长寿王龛和清代水陆画在寿生图像元素的应用上有很多共同点，以上所列寿生要素在两个图像中都得到充分表现，绝大部分可以对勘。[②]同时，水陆画是寿生寄库仪式时候张悬，长寿王龛也应该和仪式有关。

从上述对长寿王龛图像元素的考辨中可以看到，用斋主、车夫力士、冥府财库、本库曹官、钱库僚员等寿生经典及相关

① 嬴世万辑：《佛门填还寄库定制集》，韦兵藏1922年嬴世万抄本。

② 如果将长寿王龛最左边原定为严逊的造像拟为库吏，则与水陆画的构图完全勘合。拟定为库吏也有一些理由，比如身边的印信就可以视为其执掌的出纳钱库所用。此处提出一种可能性，不展开讨论。车夫力士是否出现在图像中反映了造像依据经典的不同，《寿生经》扉画没有车夫力士，因为其造像依据是《寿生经》；而出现了车夫力士形象的大足长寿王龛以及清代水陆画，其造像依据是寿生科仪。

斋醮科仪文本中的内容来为此龛图像元素定名，及对图像叙事进行解读，二者均能得到较为圆满的勘合。我们基本可以确定长寿王龛表现的就是寿生寄库主题。同时，我们也注意到侯冲较早时候强调的石篆山造像与水陆法会的关系，[①]仅就此龛的寿生造像而言，寿生信仰必须举行斋醮仪式填还冥债，所以严逊开造长寿王寿生龛和他日常举办的寿生斋会是密切联系的，二者共同构成了严逊的信仰世界。可能严逊就在这龛造像前面举办了多场填还预修的斋会，只是今天我们只能看到石头上的造像，那些烟熏火燎的寿生寄库法会都已经消散在历史之中。

小　结

如果上述推证能够成立，能够证明大足石篆山长寿王龛就是寿生龛，那么这将是迄今为止所发现的唯一寿生信仰造像，这一发现从各方面来说都具有非常重要的意义。[②]只有放在唐宋之际社会变革的背景下，我们才能理解严逊对寿生

---

① 侯冲：《石篆山石刻——雕在石头上的水陆画》，大足石刻研究院：《2009年中国重庆大足石刻国际学术研讨会论文集》，重庆出版社，2013年。

② 寿生造像少见的原因推测：如前所述，寿生只强调填还，不讲包括造像在内的其他功德，所以寿生的信众造像动力不大。至于大足地区产生了这龛仅见的寿生造像，可能是宋代大足地区造像的风气太浓厚，战胜了寿生不强调功德的内在逻辑。

主题的选择背后深刻的意义。这个北宋中期乡村的田主，凭借他自己对人生和世界的理解，选择十四个他认同的信仰主题，出资雕造，这些造像都反映了严逊的价值观。寿生中个人性、契约精神及潜在的“平等”观念也许是吸引这位田主的重要原因。这一信仰当时可能还没有固定的图像程式，严逊在规划时加入了他自己的设计和理解，为我们留下了这一主题最早的图像文本。

这一造像出现在大足不是偶然。一般来说，新的信仰会迅速反映到造像中，但寿生有其特殊性。寿生自产生以来被厘判为伪经，受到来自教内外的批评，所以主要活跃于民间，流传形式也以抄本为主，即使在印本相当普及的明清时代，寿生经典也大量以抄本的形式存在。凭笔者直观感觉，抄本数量还大于刻本，这是印本时代的一个有趣例外。正因为寿生信仰主要活跃于民间，其经文和图像都缺乏精英阶层加入的“标准化”“经典化”的统一过程，很晚都没有所谓“定本”和标准图像程式，其经文的版本、异文也特别丰富，情节一直在持续性蔓生。而对造像而言，需要固定的程式和粉本，这种散漫的情况实际上不利于造像。严逊凭借他强大的个人信仰热忱，才得以克服这种散漫，通过参照科仪文本，使寿生信仰图像化。同时，寿生信仰流行的时代，除四川尤其是大足地区之外，中国大部分地区造像风气已经衰落，不大有动力和资源将寿生信仰图像程式化，以便开龛造像。考虑到这些因素，严逊开造的这一反映寿生主题的长寿王龛就更具深刻意义。再者，在解读长寿王龛时可以发现图像中许多元素都可以在寿生经典和寿生寄库科仪文本中找到较为合理的定名和解释，这两者之间确实存在密切联系。寿生信仰填还冥债必须配合斋会仪式，如果复原这龛造像的历史语境，严逊在造像同时举办的各类斋醮法会一定不能忽视。

第五章　寿生寄库信仰与《西游记》取经缘起

吴承恩《西游记》中对唐僧取经缘由在前面几回有交代，这几回由于不是全书精彩部分，往往被人忽略，相关研究也比较薄弱。其实，这部分内容内涵非常丰富，既关系到宋代以后人们观念中幽冥世界的变化，也关系到明代现实生活中佛教真实状况。这些都有益于拓宽我们对全书的理解视野，具有很重要的研究价值。本章研究的主题就是取经缘起中关于寿生信仰的部分，以及这部分内容对理解《西游记》的作用。

第一节　取经缘起及寿生经典的“西游化”

《西游记》开始部分讲到唐太宗游地府，这和取经缘起关系密切。情节大家都耳熟能详：泾河龙王违天条，魏徵梦斩老龙，泾河鬼龙冥府求三曹对案，太宗游地府，崔府君护佑及太宗还魂。太宗在冥府曾许下三个诺言：第一是三曹对案后答应送南瓜酬谢冥府十王，因为十王说：“我处颇有东瓜、西瓜，只少南瓜”；第二是过金桥渡奈何水入枉死城，六十四路烟尘、七十二处草寇及众王子、众头目鬼魂讨债，崔府君作保，借开封人相良一库金银，散给枉死冤魂以脱身，答应回阳间归还；第三是答应回阳间做“水陆大会”，超度无主冤魂。第一条承诺由刘全进瓜完成；第二件由太宗还阳后命尉迟敬德将金银一库归还相良夫妇，相良夫妇不受，太宗以此金银为相良夫妇修庙建祠，权当还钱；第三件因为被观音菩萨指出太宗举办的法会所谈乃是“小乘教法”，不能超度亡者，玄奘决定西行求取“能超王者升天”的大乘真经，这就是取经的直接缘起。《西游记》最后唐僧取经回来，用大乘真经做了一场水陆法会，超度亡魂，太宗兑现了第三个承诺。其中第二个承诺与寿生信仰有关，情节曲折有趣：

> （太宗）前又到枉死城，只听哄哄人嚷，分明说“李世民来了！李世民来了！”太宗听叫，心惊胆战。只见一伙拖腰折臂、有足无头的鬼魅，上前拦住。都叫道：“还我命来！还我命来！”慌得太宗藏藏躲躲，只叫：“崔先生救我！崔先生救我！”判官

道："陛下，那些人都是那六十四路烟尘、七十二处草寇，众王子、众头目的鬼魂；尽是枉死的冤业，无收无管，不得超生，又无钱钞盘缠，都是孤寒饿鬼。陛下得些钱钞与他，我才救得哩。"太宗道："寡人空身到此，却那里得有钱钞？"判官道："陛下，阳间有一人，金银若干，在我这阴司里寄放。陛下可出名立一约，小判可作保，且借他一库，给散这些饿鬼，方得过去。"太宗问曰："此人是谁？"判官道："他是河南开封府人氏，姓相名良，他有十三库金银在此。陛下若借用过他的，到阳间还他便了。"太宗甚喜，情愿出名借用。遂立了文书与判官，借他金银一库，着太尉尽行给散。判官复吩咐道："这些金银，汝等可均分用度，放你大唐爷爷过去，他的阳寿还早哩。我领了十王钧语，送他还魂，教他到阳间做一个水陆大会，度汝等超生，再休生事。"众鬼闻言，得了金银，俱唯唯而退。判官令太尉摇动引魂幡，领太宗出离了枉死城中，奔上平阳大路，飘飘荡荡而去。[①]

① （明）吴承恩：《西游记》，第十一回，《游地府太宗还魂，进瓜果刘全续配》，齐鲁书社，1980年，第130页。

原来，太宗在还阳途中，为摆平六十四路烟尘、七十二处草寇鬼魂的纠缠，遂由崔府君作保，向在冥间寄存了十三库金银的开封人相良借了一库金银，给散枉死冤魂，得以度过危难。相良为何人？何以又在冥间存了那么多钱呢？原来阴间借一库金银给皇帝的“巨富”相良，在阳间不过是开封城卖水和乌盆瓦器的穷汉。他在阴间有钱的原因就是烧了很多纸钱，“寄库”在阴间：

> 却说那尉迟公将金银一库，上河南开封府访看相良，原来卖水为活，同妻张氏在门首贩卖乌盆瓦器营生，但赚得些钱儿，只以盘缠为足，其多少斋僧布施，买金银纸锭，记库焚烧，故有此善果臻身。阳世间是一条好善的穷汉，那世里却是个积玉堆金的长者。尉迟公将金银送上他门，唬得那相公、相婆魂飞魄散；又兼有本府官员，茅舍外车马骈集，那老两口子如痴如哑，跪在地下，只是磕头礼拜。尉迟公道：“老人家请起。我虽是个钦差官，却赍着我王的金银送来还你。”相良战兢兢的答道：“小的没有甚么金银放债，如何敢受这不明之财？”尉迟公道：“我也访得你是个穷汉，只是你斋僧布施，尽其所用，就买办金银纸锭，烧记阴司，阴司里有你积下的钱钞。是

我太宗皇帝死去三日，还魂复生，曾在那阴司里借了你一库金银，今此照数送还与你。你可一一收下，等我好去回旨。”那相良两口儿只是朝天礼拜，那里敢受，道：“小的若受了这些金银，就死得快了。虽然是烧纸记库，此乃冥冥之事；况万岁爷爷那世里借了金银，有何凭据？我决不敢受。”尉迟公道：“陛下说，借你的东西，有崔判官作保可证，你收下罢。”相良道：“就死也是不敢受的。”尉迟公见他苦苦推辞，只得具本差人启奏。唐太宗见了本，知相良不受金银，道：“此诚为善良长者！”即传旨教胡敬德将金银与他修理寺院，起盖生祠，请僧作善，就当还他一般。旨意到日，敬德望阙谢恩，宣旨，众皆知之。遂将金银买到城里军民无碍的地基一段，周围有五十亩宽阔，在上兴工，起盖寺院，名“敕建相国寺”。左有相公相婆的生祠，镌碑刻石，上写着“尉迟公监造”，即今大相国寺是也。[1]

太宗还阳后令尉迟敬德押送一库金银归还相良，相良夫妇坚决不受，太宗以这些金银修庙作为夫妇二人的功德，并为他

---

① （明）吴承恩：《西游记》，第十二回，《唐王秉诚修大会，观音显圣化金蝉》，齐鲁书社，1980年，第139—140页。

们盖了相公、相婆生祠。这个寺庙就是开封的大相国寺。《西游记》把太宗入冥、烧醮寄库和相国寺来源联系在一起，表面上看，荒诞不经，其实这是民间以最熟悉的东西来解释神圣性的起源。太宗入冥是耳熟能详的故事，寿生寄库是日常普遍的信仰实践，而相国寺是老幼皆知的佛教圣地，三者之间的关联在民间故事里形成老百姓容易理解的一套观念“逻辑”（如果可以说是逻辑的话）。

河西宝卷《唐王游地狱》以韵文形式演绎了这段内容，叙述太宗被库吏讨还受生钱，并在受生钱库借贷的情景：

唐王爷，正行走，抬头观看，
见一座，高大廪，面前所存。
门旁边，修盖着，小小一亭。
忽然间，一声响，门儿大开，
闪出来，看库的，一位善人。
上前来，急忙将，唐王挡住：
“快把那，受生财，交与我们！”
有唐王，听一言，又惊又怕，
扭回去，问曹官，是何原因。
判官说：“那阳世，人各有欠，
受生债，也不论，君民人等。”

又吩咐，众鬼魂，实言相听：

“因唐王，游地府，命还未尽，

你让他，快快走，休再阻挡，

到阳世，如数儿，交与库官。”

却说唐王问曹官：“这个受生财，阳世人有多的，也有少的；有贫的，也有富的；还有还起还不起的。阳世间可有什么物件能抵受生债？”曹官说：“阳世之人能发点善心，恭敬神明，请了高明僧道，诵《受生经》三次，则能抵还受生债。”唐王听言，记在心中。

……（略）

正说一群恶鬼来，拉住唐王要金银。

都说几月无吃用，忽听爷驾到幽冥，

望把金银多与些，积到酆都护你身。

判官童子忙喝退，唐王商议借金银，

曹官喝住众鬼魂，骇得唐王战兢兢。

“孤魂恶鬼挡住我，无有金银不放行，

与王借些金银来，幽冥地府散孤魂。”

曹官这里忙应到：“镇阳郡里有一人，

他名叫做项阳和，每日卖水为营生。

除他吃用余钱文，阴曹积下三库银。

就借他的金银使，阳间与他交还清。”

却说曹官同唐王来到焚纸库房门前，向那门官说：“唐天子来借项阳和积下的三库银子，幽冥使用。”库官说：“既然如此，写个借约，阳世交还，曹官作保，不与库官的关系。”忙叫鬼使开开了库房，贴了告示，孤鬼一起领受金银。[①]

宝卷中在冥府积下三库金银的不叫“相良”，叫“项阳和”，卖水营生。宝卷中这个角色还有叫“王大”的，但都是卖水营生，和《西游记》相良卖乌盆瓦器为生不同。

唐太宗入冥借相良寄库钱的故事其实非常具有“现代性”：太宗遇到冤亲鬼魂的纠缠，冥府实权人物崔府君没有利用权势喝退众鬼魂，而是建议用钱来摆平。因为，事实上这些鬼魂是太宗所杀，从道理上讲太宗“亏欠”这些鬼魂，欠债还钱，冥府的崔府君看来支持这种商业伦理，建议太宗拿钱来赎买宽恕。如何弄到钱呢？崔府君再次建议，“陛下可出名立一约，小判可作保”，就是由他作保，订立契约，借贷相良一库冥司金银。金融化的冥府，看来极其尊重契约精神，贵为天子的唐太宗加上有权有势的崔府君，对一介草民的“财富”，也

① 《唐王游地府宝卷》，方步和编著：《河西宝卷真本校注研究》，兰州大学出版社，1992年，第71—72页。

是订立契约来借贷，而不像人间打着“献纳”“征用”等名号掠夺。只要有了契约精神，皇帝没有钱也得借贷。小民有钱就是贷方，是债主，皇帝没钱也得借贷，是负债人，必须履约还款。契约面前，人人平等。故事里的冥府看来是保护私有财产、支持契约的。太宗还阳后即刻还钱给相良，没有因为是皇帝欠百姓的钱就倚仗权势赖账，这是一个跨越阴阳，关于契约订立和履约的故事，其中涉及了货币、契约、平等及个人主义等方面。这隐约与另外两个宋代故事具有精神的内通，一个是宋太祖杯酒释兵权，订立契约，以金钱赎买功臣的兵权，避免了王朝创立中以血腥屠杀为代价实现的权力转型；另一个是太祖置封桩钱欲赎买燕云十六州，从前王朝都靠战争实现统一，宋太祖却希望通过花钱来买的方式实现旧疆的回归。这确实是宋代的新观念，强调的是货币、契约和赎买。这虽然是一个虚构的冥府故事，但反映了宋代以来社会转型带来的崭新观念。这种新观念也重塑了幽冥世界关于拯济、轮回的信仰，其中的“货币”计算、契约精神、平等观念和个人主义的自我拯救等都充满了时代精神，可能包含了中国内生现代性的诸多萌芽。

《西游记》的取经故事是从太宗入冥的三个承诺开始，前两个很快实现，而千难万苦的取经历程，就是为了兑现第三个承诺。这三个承诺的故事，情节都不是随意编造，背后有一番道理，和宋明时代社会、观念和信仰的变革有关。三个故事都有一些共同的成分，比如强调斋僧、寄库等的巨大功德，这反映了宋明时代佛教义理、修持部分衰落，而与世俗联系密切的仪式部分繁荣的现实状况。其中，也有一些比较隐晦的含义需要进一步阐释。比如，刘全进瓜故事中李翠莲因为拔头上金钗斋僧，被丈夫刘全责怪，气恼自缢，结果刘全进瓜还魂，翠莲借太宗御妹玉英躯壳还魂，夫妇团圆，得了御妹的妆奁、衣物、首饰，还永免差役，满载还乡。刘全不仅席卷了皇帝老儿备下的嫁妆，老婆李翠莲也换掉了乡下婆子的皮囊，借了金枝玉叶的公主躯壳还魂，身份上还得到免除差役的官绅待遇，这简直是那个时代小民们最有勇气的痴心妄想——身份平等。李翠莲借公主躯壳还魂后对金碧辉煌的皇宫一番奚落，反映了她的平民立场："我家是清凉瓦屋，不像这个害黄病的房子，花狸狐哨的门扇。"[①]这些表面荒诞不经的情节背后所体现的观念，与宋代以后平民社会的兴起，打破士庶身份界限的历史潮流暗合。

当然，这一切都是李翠莲因斋僧而辗转得到的福报。这里还要注意刘全揭榜，以死进瓜的方式是头顶南瓜，袖带"黄钱"。黄钱就是烧寄库的纸钱。相良故事里，说到相良夫妇赚的钱除了生活以外都用在斋僧和寄库上面，这是宣传斋僧、寄

① （明）吴承恩：《西游记》，第十二回，《唐王秉诚修大会，观音显圣化金蝉》，齐鲁书社，1980年，第139页。

库获福。第三个水陆大会，斋僧和烧寿生寄库是其中重要的仪式内容。斋僧、寄库是宋明以降民间佛教活动的重要内容，是这些仪式，而不是高深的义理或精进的修炼构成了普通大众的信仰实践。笔者一直认为，《西游记》是宋代以后中国大众宗教信仰的百科全书，反映了宋代以后宗教观念的变化，这种变化也是中国社会文化在唐宋以降转型的一部分。由于其广泛流行，深入人心，反过来又塑造了大众的宗教观念，明清以来《西游记》成为民众宗教知识来源的重要经典，许多流行观念的来源不是某权威经典而是《西游记》。

寿生信仰在《西游记》中有反映，而唐僧取经故事又反过来影响《寿生经》文本。早期《寿生经》文本黑水城文献A-32金代《佛说寿生经》没有唐僧取经的情节，而明清通行本都有唐僧取经，西天带回《寿生经》的情节，这无疑是受了取经故事的影响。哈佛大学藏明代万历四十六年（1618）刊本《佛说寿生经》经题下有小字夹注，“大唐三藏往西天求教，得诸经内有《寿生经》，传于世间，甚有益”，国家图书馆藏明刊本《连相寿生经》经题下也有这一行字，这基本上成为明清《寿生经》的一种惯例。

清代《寿生宝卷》进一步把《西游记》的相关情节加以演绎，将太宗游冥府、借受生钱还阳的故事吸收进入寿生信仰，只是借钱的对象不是相良而是王大，冥府帮助太宗的不是崔府君而是魏徵：

魏徵丞相上告阎君："太宗皇帝在阳间时，未有贪嗔嫉妒，伏祈放他还魂。"阎君听臣告诉，却对太宗言到："你京城中有一贤人，名号王大。每日卖水营生，夜间持念《金刚》、《受生》，每经十卷。请僧预修斋会，还经寄库。现今库内堆金积玉。你为人王帝主，未曾修备钱贯，因何不还？"阎君唤押至掌簿判官，捡看太宗欠受生钱多少。判官曰："主人属羊，己未生人，欠四万三千贯文，看经二十五卷。"便叫库官："将王大库钱贯，指借与他还过，放回可也。"①

《寿生宝卷》继续写太宗还魂，找到王大，"赐御酒三杯，黄金百两"，还封王大为本处县丞官。此宝卷宣说持诵《受生经》的益处：

早晨街前挑水汉，顷刻之间做官人。斟满美酒赏恩人，须是身贫运时新。朝朝挑过百桶水，夜夜持诵十卷经。监牢库内借你债，阳间还你两分明。更有一

① 侯冲整理：《佛门受生宝卷》，《藏外佛教文献》，第二编，总第十三辑，第234—235页。

般升赏赐，加你本初为县丞。

王大卖水汉，持诵《金刚经》。太宗曾借使，加做县官身。[①]

《西游记》的内容被完整吸收到寿生信仰中。宝卷接着叙述太宗和唐僧讨论寿生，唐僧道："蒙帝差遣，往西方去取经，见大藏经中内有《受生经》一卷，专说此等因果。"（前面叙述王大已经念《受生经》填还寿生，在唐僧取回此经前，民间宝卷的这类矛盾经常可见，不必深究。）接着宝卷叙述唐僧解答太宗疑问，说明填还方法，归结到"三藏取经，不是虚言。早纳受生钱，依经填还"。宝卷末尾再次感恩太宗和唐僧，"一来感蒙皇王游诸大地狱，二来感谢国师西天取经"[②]。整个受生宝卷全部贯穿了取经故事的元素，民间流行的宝卷把受生信仰在《西游记》取经故事的框架下面重新编排了一遍，换句话说，明清时代的寿生信仰"西游化"了。

清代《慈悲寿生经忏》也体现了这种"西游化"的特点。

---

① 侯冲整理：《佛门受生宝卷》，《藏外佛教文献》，第二编，总第十三辑，第238—239页、235页。

② 侯冲整理：《佛门受生宝卷》，《藏外佛教文献》，第二编，总第十三辑，第242页。

经忏借唐僧在西天与佛祖问答，揭示寿生填还的道理。通过唐僧的提问，借佛祖之口对寿生钱的由来、益处等作进一步说明。寿生钱是向天、地、狱三曹所借“转生本钱”：“不论男女各有钱借贷以为转生本钱，以十二生肖为定，甲乙与丙丁有别，戊己与庚辛有殊，壬与癸有分。生有前后，钱有多少。”寿生钱的得名是由于还清了寿生钱，得佛所赐福、禄、寿：“乃知寿钱不欠，佛必赐之以福，佛必与之以禄，佛必保之以寿，故名寿生钱。福以还钱而护，禄以还钱而享，寿以还钱而长。”[①]整部经忏都贯穿唐僧和佛祖问答，借此宣讲寿生的道理，解释信徒的疑问。

在寿生科仪进行过程中，不止一次要宣说唐皇入冥寿生缘起，笔者所藏四川金堂地区清代寿生科仪文本《预修填还》中就有数处宣说唐皇入冥，“炉内兰膏演寿生，唐王游狱古今传”，其具体情节与通行版本有不同：

按感应教中云：昔因唐太宗天子误斩忠臣庞相，后涉地府，执对前非。转到六案三司，俱要钱财使用。帝无填寄之备，□免贷钞之由。乃于冥府十二相生人各司官宝库借过长安人王玺填冥经赞。后及还

① 《慈悲寿生经忏》，上海图书馆藏清末宁波三宝经坊刻本。

魂，榜召此人，至于殿前。天子问曰：平生所作何事？玺曰：在街役人，挑水营生。所得钱财，惟填冥府。帝曰：有何凭据？曰：幽冥渺隔，仗佛慈悲。凭佛熏香，传给文牒合同环卷。玺乃呈上视之，帝质之，两相吻合不爽。遂与玺言：寡人昨到冥司，借汝填还箦钞，榜示天下，招尔至前。今将钱八万贯还汝，外赏给终身俸禄，以作利息。汝当再修功果，重纳填还。以此观之，万像至尊，尚有冥贷；匹夫之贱，岂无阴欠？①

这里入冥原因是误杀忠臣导致冥对，借钱对象不是相良而是王玺。借钱缘由不是打发冤魂，而是打点冥府六案三司，这是结合现实而进行的演绎。寿生经典无论仪式还是义理，其宣说都离不开取经故事，唐僧取经带来、太宗入冥传出，成为寿生钱来源和合法性的一种解释，寿生经典的“西游化”是一个明显的趋势。

① 《签填还阴阳牒》，《预修填还》，韦兵藏清李信成抄本。抄本另一处宣说太宗入冥，“借贷长安大国王玺名下存纳受生钱贯，依凭库主，借赎命钱文，豁阴司得活还阳间”，其中“豁”是四川话，有欺骗、哄骗的意思。据说这个抄本出自金堂、中江一带，从语言上也可印证是四川的科仪文本。

第二节　唐僧的“本领”：“应赴僧”与寿生仪式

宋明以降，禅宗已经走向衰落，明心见性的开悟离老百姓的宗教生活越来越远，民间宗教活动中活跃的是一批应赴僧，他们的主要业务就是赶经忏，念经超度亡魂。经忏仪式总和斋僧、烧寿生寄库等仪式结合在一起，一般人看到最常见的佛教活动就是经忏仪式，而大多数僧人头脑里的宗教知识也就是关于经忏仪式的知识。《西游记》中唐僧为何显得狭隘可笑呢？原因就是唐僧的原型是宋明以降的经忏应赴僧。这可以从唐僧的知识结构看出来，《西游记》里面的唐僧和历史上的玄奘有天渊之别，从知识上就可以看到，唐僧和学问渊博的玄奘完全不能相提并论。《西游记》中唐僧显示出来的佛学素养基本可以说不及格，明心见性的功夫也没看出来，遇到困难就抱怨，被悟空斥为“脓包形”，还被教训好好去念念乌巢禅师传授的《多心经》。唐僧在《西游记》中被描绘为相貌俊美，从蜘蛛精、蝎子精等众女妖的视角也不断强化唐僧的俊美外形。以德相庄严、相貌清奇来形容僧人都可以理解，而以俊美来强调一个僧人的形象则颇不寻常，其实这也和应赴僧这个行当有关。应赴僧要年轻、相貌好、嗓子好，这样才能受寺庙和斋主欢迎，被称为“和尚老爷”，业务多，当然挣的钱也多。成天被介绍生意的斋婆包围，奉若神明，[1]与《西游记》中众女妖垂涎唐僧一样。当然，除了容貌俊美以外，作为应赴僧的唐僧有看家的本领，他最擅长的是经忏仪式，寿生寄库应当是他最能熟练操作的仪式之一。

太宗还阳后让唐僧主持水陆大会，他“念一会儿《受生度亡经》，谈一会儿《安邦天宝篆》，宣一会儿《劝修功卷》”。这里的《受生度亡经》就是《受生经》，在追荐亡魂的水陆法会中，烧寿生寄库是重要仪式之一。《安邦天宝篆》，从书名中的“篆”就可以看出这是道教的符篆典籍。道教仪式和符篆关系密切，符篆往往要配合咒语，而“谈”就是指念诵咒语，有时也写作“弹”。比如《孔雀明王经》就是一篇附带很长咒语的佛经，后来广泛用在民间仪式中，常被称为“谈孔雀咒”或“弹孔雀咒”。这里的谈篆，也有类似意思，就是荐亡仪式中配合符篆书写的咒语念诵。《劝修功卷》是一种宝卷，“宣”就是指宣卷，明清时期民间仪式中宣唱宝卷也是其重要内容。从唐僧主持的这场水陆法事来看，他的本领路数非常“驳杂”，基本就是经忏僧的套路，非常符合明清时

① 邵佳德、王月清：《近代的应赴僧及经忏佛事——以江浙地区为中心》，《世界宗教研究》2014年第4期。金克木的自传体小说也描写了他童年看到的经忏僧放焰口：“请的是最大的庙‘报恩寺’俗称‘大寺’的和尚，包括一位年轻貌美又会唱的最著名的和尚。”（见金氏著：《旧巢痕》，北京联合出版公司，2020年，第316页。）

代的实际情况。后来，悟空打死了强盗，唐僧说要给他们念卷《倒头经》，[1]这是度亡经咒的泛称，《醒世姻缘传》里也有："我告回状来，我叫十二个和尚、十二个道士，对着替你合小春子小冬子念倒头经，超度你三个的亡灵！"[2]可见超度荐亡这类应赴僧的本领就是唐僧的特长。

在《西游记》中很少看到唐僧教给弟子佛学知识，若果从修炼的角度，三个徒弟都可以当唐僧的老师，三个徒弟内丹修养水平都不是唐僧能比的。《西游记》中唐僧形象的苍白，其实源于唐僧原型之一的经忏僧人教理和修持的贫乏。如果说唐僧也教给了徒弟们一些知识，那这些知识一定是经忏僧那一套本领，寿生仪式也是师父传授的本领之一，以至于八戒都成了这方面的专家。师徒一行在通天河陈家庄遇见庄主做斋会法事，唐僧问是什么斋会，八戒笑道："师父问他怎的！岂不知道？必然是青苗斋、平安斋、了场斋罢了。"看来八戒对日常举行的这些斋会非常熟悉，随口道来。当庄主说这是一场"预修亡斋"，八戒立刻就发现这种叫法不对：

---

① （明）吴承恩：《西游记》，第五十六回，《神狂诛草寇，道迷放心猿》，齐鲁书社，1980年，第710页。

② （清）西周生：《醒世姻缘传》，第七十四回，《明太守不准歪状，悍婆娘捏念活经》，齐鲁书社，1980年，第966—967页。

八戒笑得打跌道："公公忒没眼力！我们是扯谎架桥哄人的大王，你怎么把这谎话哄我！和尚家岂不知斋事？只有个预修寄库斋、预修填还斋，那里有个预修亡斋的？你家人又不曾有死的，做甚亡斋？"①

八戒不仅知道很多斋会的名目，而且一下听出庄主所言"预修亡斋"的叫法有问题，预修是给活人办的斋会，亡斋是给亡人办的斋会，这两种放在一起是矛盾的，没有这种斋会。八戒的猜测也有道理，庄主家没有人去世，不可能做亡斋，只有预修寄库斋、预修填还斋最有可能。寄库填还就是为活人做的预修斋会之一，以当时情景推测最有可能。八戒这段话中体现出对寿生寄库等斋会的知识很了解，而且逻辑性很强，难怪悟空在旁边也听闻暗喜："这呆子乖了些也。"一向混沌的八戒在谈到寄库斋会时讲得头头是道，这种进步当然归功于师父的教诲，八戒一句自信的"和尚家岂不知斋事"，透露了师父身份的一些底色——熟悉经忏的僧人。这种僧人就是应赴僧，又叫瑜伽僧、经忏僧，太虚法师所谓"忏焰流"。所谓应赴僧，乃是指其超亡送死，应赴经忏仪式。明代对僧人服制有明确区分，"今制：禅僧衣褐，讲僧衣红。瑜伽僧衣葱白。瑜

① （明）吴承恩：《西游记》，第四十七回，《圣僧夜阻通天水，金木垂慈救小童》，齐鲁书社，1980年，第597页。

伽，今应赴僧也”[1]。瑜伽僧的称呼从宋元时代就有了，明代更多时候称其为应赴僧，主要从事荐亡、预修仪式，安顿亡灵是其吃饭的本领。《西游记》还有一处说到寿生正是和荐亡有关，在莲花洞金角大王听说孙悟空把银角大王收进葫芦里化掉了，八戒接嘴说：

> 令弟已是死了，不必这等扛丧，快些儿刷净锅灶，办些香蕈、蘑菇、茶芽、竹笋、豆腐、面筋、木耳、蔬菜，请我师徒们下来，与你令弟念卷《受生经》。[2]

八戒讲的这一套就是斋僧和经忏，做寿生仪式的同时也要斋僧，应赴僧赶经忏、做斋会都有设斋、施食、饭僧的程序。八戒平时一定经常参与此种场面，所以听到莲花洞死了二大王，自然想起了惯常参加的斋僧、经忏，借此又想饱餐一顿。《西游记》以太宗入冥，承诺还寿生，做水陆作为取经缘起，加上唐僧应赴僧的某些面貌，令人思考《西游记》中存在

---

① （明）彭大翼：《山堂肆考》，卷一百四十七，《释教》，第977册，景印文渊阁四库全书本，第47页。

② （明）吴承恩：《西游记》，第三十五回，《外道施威欺正性，心猿获宝伏邪魔》，齐鲁书社，1980年，第439页。

的应赴僧经忏内涵的成分。[①]汇集经书科仪文检也是应赴僧的事业，经书科仪越多，会做的法事越多，本领也越大，所以应赴僧有动力访求、汇集各种科仪传本，这也是一种“取经”事业。应赴僧把这个过程加以神话，附会到玄奘取经上面，就形成了取经唐僧的形象。西游故事在流传过程中深受民间信仰的影响，宋代以来，佛教对民间影响最大的不是立地顿超的禅宗，而是终日钟鼓铙钹超度死人的应赴经忏，这些经忏仪式的观念进入取经故事也是必然。同时，经忏仪式文本也借助取经故事增重自身价值，出现“西游化”的取向，这种交融在吴承恩之前已经非常深入，吴承恩只是将这些已经成熟的故事统合到了百回本《西游记》中。

从宋代开始，士大夫就批评寿生寄库，如前引陈淳所言：寿生寄库出自杜撰，以诱人之为善，其信仰者多为“野夫贱隶”“下愚不学之人”的下层民众；[②]明代人讽刺寿生烧醮：“痴人烧纸钱，唤名曰寄库。若死入地狱，那放你空过。”[③]一直到近代印光法师，都是对寿生持批评态度：“念佛之人，不可效愚人，做还寿生、寄库等佛事。以还寿生，不出佛经，

① 侯冲：《〈佛门请经科〉：〈西游记〉研究的新资料》，《宗教学研究》2013年第3期。

② （宋）陈淳：《北溪字义》，卷下，中华书局，1983年，第69页。

③ （明）张守约：《拟寒山诗》，《六府文藏》，《四库未收书辑刊》第六辑，第27册，第691页。

系后人伪造。寄库，是愿死后做鬼，预先置办做鬼的用度。既有愿做鬼的心，便难往生。”[①]印光法师认为寄库是发愿做鬼，预先置办做鬼的用度，这样就会契合到鬼道，不能够念佛往生西方净土。但这些都不妨碍寿生的流行，士大夫同样加入寿生信仰行列，光绪年间沈廷枢出资刊刻《寿生经》，首尾有题记数条：首题“乙丑年十月知非子敬印”“版存京都前门外杨梅竹斜街路北永盛斋刻字铺”[②]。尾题三条“光绪十九年信士弟子沈廷枢续刻《寿生经》附《禅门佛事》之后，并送信士弟子郭世俊敬送一百本”“光绪岁次丁酉春正月信士弟子沈廷枢敬印四十本”“易刘香云萧陈博之敬送五十本”。沈廷枢，江西人，光绪二十八年（1902）举人，他在光绪十九年（1893）刻了此《受生经》，又在光绪二十三年丁酉（1897）再次刷印，其他人也用这个板子接着印。寿生信仰不分阶层，士大夫也相信。

明代宗教的现实状况是无论佛教还是道教，作为宗教水准

---

① （释）印光：《印光法师文钞》，1932年印光大师《一函遍复》，苏州灵岩山寺弘化社。

② （清）沈廷枢刻：《六十甲子受生经》（孔网拍品：http://www.kongfz.cn/42784442/pic/）。沈氏光绪中生活于北京，妙峰山上尚有他撰书的对联：光绪七年“忠孝节廉，惟善是佑；富贵寿考，随意所求”；光绪十五年“花雨纷披春四座；壶天朗澈月千峰”（高平：《妙峰山古香道之一：老北道》，见https://www.meipian.cn/1z5ri2yz）。看来他对碧霞元君娘娘庙也是很信仰，这其实很能反映明清大部分读书人的信仰世界。

标志的义理和修证都乏善可陈，唯有应赴僧主持的仪式斋会非常兴盛。《西游记》开篇即以寿生作引，后来又在几个地方提到寿生，这是明清时代寿生信仰流行民间的反映。从皇家到百姓，寿生信仰是当时人们共同的宗教观念。万历元年（1573）皇太后施钱重修延寿寺作为举办寿生仪式祈福的地点，大臣杨博撰《重修延寿寺碑记》：

《佛说寿生经》云：若有善男子、善女人，纳得寿生钱，灾星不照，福曜常临，注衣、注食、注命、注禄。恭惟圣母慈圣皇太后，闻得延寿寺一区岁久圮坏，发心施舍银一千五百两暨宫眷人等陆续施银一千两，俱命近侍官王喜董其事，重修宝刹，重整金容。即无尽意菩萨之施宝珠璎珞，善男信女之纳寿生钱，其发心□也，善因善果，大功大德，真有光于天地、祖宗矣。

特命僧众晨夕焚修，端祝今上皇帝出入起居康宁亨吉，寿与天齐，福同川至，万万年无疆之庆也。再祈宫朝清泰，海宇平安，天不爱道，地不爱宝，亿万年太平有象之长也。是举也，经始于隆庆五年四月初三日，落成于万历元年八月初十日。

内建山门一座，天王殿一座，钟鼓楼二座，藏经殿五间，内新印藏经全，水陆殿五间，新造水陆全，方丈房三间，禅房十间，接待僧房三间。凡供设器物靡一不具，芝房桂殿尽善尽美，宝阁琼台，美轮美奂。对越顶礼之余，信有感通之妙。佛天永护，佛日永明，佛光永照。我慈圣皇太后茂膺景佑，自求多福，端在兹哉。是为记。

赐进士第光禄大夫柱国少师兼太子太师吏部尚书侍经筵食正一品俸蒲坂虞波杨博撰

时万历元年八月二十日立

燕山张窎谨镌[1]

此碑今仍存北京东马房营延寿寺故址。这通碑文除了反映皇家宫廷参与填还寿生的仪式外还有几点值得注意。首先，碑文直接引用《佛说寿生经》，虽然寿生信仰很流行，但我们在碑文中看到直接引用《寿生经》经文的情形还比较少。碑文概括说明寿生经的功能是“若有善男子、善女人，纳得寿生钱，灾星不照，福曜常临，注衣、注食、注命、注禄”，这些都是求现世福祉，说明当时皇家信仰寿生的愿景重点就是求得现世长命安乐。其次，碑文明言宝刹重辉，“善男信女之纳寿生

① （明）杨博：《重修延寿寺碑记》，中国国家数字图书馆，《碑帖菁华》。

钱”积福，又言“特命僧众晨夕焚修，端祝今上皇帝出入起居康宁”。这里的“焚修”，通常可以指烧香礼拜，也可以指烧纸钱。五代就有用“焚修”来指烧纸钱，前引《北梦琐言》所载：南嶽道士秦保言，勤于焚修，曾白真君：“上仙何以须纸钱？有所未喻”云云，[①]孙光宪在这里就是用“焚修”来专指烧纸钱，强调仪式的重点是焚烧。碑文中“焚修”二字，联系上下文出现的“寿生”，笔者认为也是有专门特指，即烧醮寿生钱纸。说明延寿寺是皇家专门举办寿生等水陆仪式，祈求长生，永葆清泰的地方。

《雅俗通用释门疏式》里收有《宗藩还受生疏》，[②]这是专门为皇族宗藩烧寿生撰写的疏文，证明明代皇族中信仰寿生很流行。这里的寿生仪式有一个祈求重点是长生永寿，选取延寿寺作为举办寿生的场所，寺名已经透露了这个目的。寿生仪式和求长寿关系一直很密切，大足宋代寿生造像龛就被造像人严逊称为“长寿王龛”[③]，同样和求长寿有关。《醒世姻缘传》有一个情节，武城县各里的里头收头，为感谢晁夫人母子

---

① （五代）孙光宪撰，贾二强校点：《北梦琐言》，卷十二，《王潜司徒烧纸钱》，中华书局，2002年，第261页。

② （明）冰雪道人：《雅俗通用释门疏式》，卷二，《宗蕃还受生疏》，早稻田大学藏楚南宝庆府宋三益堂重刊本。

③ 韦兵：《大足北宋寿生信仰造像：石篆山“长寿王龛”考辨》，大足学国际学术研讨会2019年12月。

代输粮米的恩德，“成群打伙散在各庙里，请僧尼道士，都与晁夫人做寿生道场，保护他务要活一百二十年纪”[①]，也是反映寿生仪式的延寿功能。再次，修建完成的延寿寺建筑有：“内建山门一座，天王殿一座，钟鼓楼二座，藏经殿五间，内新印藏经全，水陆殿五间，新造水陆全，方丈房三间，禅房十间，接待僧房三间。”从这些建筑看来，山门、天王殿、藏经楼等都不是一个寺庙的主体建筑，大规模的重修不可能只是在这些附属建筑上下功夫。为了配合碑文开始部分强调的举办寿生仪式的目的，此次重修的核心建筑只能是“水陆殿五间，新造水陆全”，这是指五开间的水陆殿，以及水陆殿中一整堂水陆众神佛的雕塑（或壁画）。这表明重建以后，延寿寺是一个专门举办寿生等水陆道场的皇家寺庙。

吴承恩写作《西游记》的时代，寿生信仰早已经在社会上普及。其实，太宗入冥的早期版本，比如敦煌文献中的入冥故事就没有借寿生钱的情节。而寿生经的早期版本也没有取经的情节。寿生经和取经故事是如何拉上关系的呢？今存最早有取经情节且带有纪年的寿生经是哈佛燕京藏朝鲜曹溪山松广寺万历四十六年（1618）刊本，这已经是一个非常成熟的本子，经题下附注“大唐三藏往西天求教，得诸经内有寿生经，传于

① （清）西周生：《醒世姻缘传》，第九十回，齐鲁书社，1980年，第1179页。

世间，甚有益”，后来的经本无论内容还是体例和这个松广寺万历刊本几乎完全相同。所以，万历四十六年（1618）刊本是取经故事与寿生经关联成熟后的代表，而其关联的起源应当更早，估计是金元时代。民间经典喜好和唐僧取经拉上关系，自高身价，寿生经流传过程中也有这个取向。《寿生经》本来是伪经，来历可疑，通过自述源于唐僧西天取回的真经，身价自然抬高。这样寿生经就逐渐“西游化”，有些情节逐渐独立成单独的故事，成为西游故事的情节之一。太宗入冥中加入借贷寿生钱的情节，就是“西游化”的寿生反过来丰富取经故事。这种故事估计当时已经相当流行。所以我们才看到皇家热衷于填还寿生，估计妇孺皆知的太宗入冥、无钱打发亡魂的传说故事对皇亲贵胄震动很大，才有专门修建延寿寺举办寿生等水陆道场的举动。

民间的寿生信仰更加普遍，江南地区出土了一些反映明代寿生信仰的实物。[①]前已论及江阴市叶家宕墓地M3周溥墓出土过一件纸质寿生牒文封套，墨书楷体：“存日答还受生阳牒二道，计还受生钱二遍，酬答上项原借冥钱。伏望冥官照鉴，庶无沉滞，速判亡魂生方净界者。”其中有灰烬，就是入葬时焚

---

① 明清时代寿生信仰可参考姜守诚：《明清社会的寄库风俗》，《东方论坛》2016年第4期；任江：《江南地区明墓出土受生牒研究》，《东南文化》2019年第 6期。

烧的阳牒。受生牒套正中钤方印，印痕朱文，九叠篆，印文为“寿禄福持之印”。[1]此印文“寿禄福”与通常“福禄寿”三星的习惯说法用字顺序颠倒，寿字排在第一位，这是寿生突出延寿、长寿意味特点决定的，这个以寿为先的三星用字顺序是寿生信仰的标志之一。清代《慈悲寿生经忏》对寿禄福的顺序有专门解释：“寿为先，有寿可以言禄，有禄可以言福，如若不寿，福禄从何而见？”“唐僧问于佛曰：福禄寿三星何以独寿有钱也？佛曰：你不知三星中必以寿为先……”[2]三星用字顺序颠倒的细节，如果不从寿生信仰内涵观念来理解就很难解释，而懂得寿生观念的内涵和逻辑也有助于我们不放过任何微小细节，揭示文物背后反映的社会观念。再从《西游记》来看，涉及三星顺序的五庄观一回，猪八戒调侃三星：“既不是人家奴才，来道叫做‘添寿’、‘添福’、‘添禄’？”[3]正是寿福禄的顺序，这些细节都体现了《西游记》中的经忏观念。

前已论述上海嘉定区李新斋夫妇合葬墓、太仓市黄元会夫妇合葬墓也都出土了寿生文牒。《西游记》成书的时代这些寿生仪式早已深入人心，人们日常生活中对此耳熟能详，司空见

---

① 高振威、周利宁：《江苏江阴叶家宕明墓发掘简报》，《文物》2009年第8期。

② 《慈悲寿生经忏》，上海图书馆藏清末宁波三宝经坊刻本。

③ （明）吴承恩：《西游记》，第二十六回，《孙悟空三岛求方，观世音甘泉活树》，齐鲁书社，1980年，第325页。

惯。我们理解《西游记》情节中的寿生，如果联系到这些碑刻和出土文物就更能有历史现场感。

余　论

宋元以来，寿生寄库信仰流行，冥府观念发生了一个重要变化，审判和酷刑式地狱之外，金融和契约式地狱也同时开始流行，这些变化深刻体现在经忏斋醮仪式中。《西游记》在成书过程中与民间斋醮仪式相互渗透，交互影响，最后定型的吴承恩百回本《西游记》中就深刻地打上了经忏斋醮仪式的印记。我们还可以看到以寿生寄库为代表的经忏斋醮仪式中体现出来的新时代精神，这些精神也体现在深受这些仪式影响的《西游记》中。首先是突破身份界限，平民社会取代士族社会，身份平等是时代的新潮流，刘全进瓜曲折而隐晦地表达了最大胆的追求身份平等的理想；其次，平等带来了契约精神，寿生仪式对契约的强调，尤其体现出宋代以来社会的变革；再次，寿生寄库的个人主义精神集中表现在对三世生命的自我规划和掌控，寿生仪式疏文开篇强调“福由自作”[①]，可谓抓住了寿生的本质。个人而不是教团才是灵魂拯救的主体，这与

① （明）冰雪道人：《雅俗通用释门通用》，卷二，《宗蕃还受生疏》，早稻田大学藏楚南宝庆府宋三益堂重刊本。

《西游记》中孙悟空特立独行的个人主义精神是相通的。

《西游记》中太宗入冥的三个承诺都体现了这些时代精神，这是统合百回本《西游记》整体结构的架构性叙事，取经的缘起就是这三个承诺中暂时不能兑现的水陆大会。因为没有可以超度亡魂孽苦升天的大乘佛法三藏，所以唐僧才远涉道途，前往西方灵山求取真经，真经就是举办水陆仪式的大乘佛法三藏，这就是取经的缘起。这个缘起和水陆法会有直接关系，而水陆法会是天地阴阳各路神祇的大汇聚，亡魂孽苦最后在仪式中集体获救，共同超生。这是唐宋以后，民间屡屡受挫的千年运动在幽冥观念上的曲折反映，这与中国近世的民间思想潮流关系密切，其影响着社会宗教的诸方面。百回本《西游记》太宗入冥的三个承诺及兑现，其内涵体现了宋以后中国社会与思想发展的风势：追求身份平等、契约公正、共同解放。一旦历史机缘聚合，这些被压制潜藏于幽冥世界的观念和理想就会重返人间，裹挟来自底层的巨大力量，在一次次运动中推动历史前行。

结　语

北宋仁宗明道二年（1033）阴历十月十八日，这天也是每月的十斋日之一，福建建阳县的施仁永请当地普光院的僧人为自己举办了一场寿生斋会，这一年他四十岁。这已经是他第三次举办寿生斋会，据说人一生要填还三次寿生才圆满。过了几十年，四川大足地区的严逊在石篆山开龛造了一龛寿生造像，估计他平时也会在这里举办寿生斋会，严逊没有想到，近一千年后他出资开造的杰作可能是唯一存世的宋代寿生造像。又过了一百年，金国陕西地区一位无名的善信用笨拙的笔迹抄写了一本寿生科仪，指导自己日常的烧醮仪式。后来这个抄本不知经历了什么曲折，竟然奇迹般地流转到西夏境内巴丹吉林沙漠中的黑水城，被装藏进入一尊佛塔。这一沉睡就是数百年，直到20世纪初才又一次见到阳光，如今它静静地躺在圣彼得堡冬宫河沿街19号俄罗斯科学院东方文献研究所的珍本书库中。当A-32在佛塔中沉睡的时候，这一地区的西夏人把这部经典从汉文翻译成了西夏文，他们用党项语念诵这个经典，举行仪式。历史的洪流把虔诚的善信和烟焰腾飞的寿生斋会盛况淘洗得只剩下上面这些遗迹，即便如此，从这些为数不多的遗迹中我们仍可看到寿生信仰在南北广阔地域的传播以及在民间强大的影响力，这与寿生信仰本身具有的传播性和黏合性有关。

寿生寄库信仰从诞生开始就显示出很强的黏合性和传播性，寿生寄库本来就是南北风俗交融混合的产物，其中的要素兼有农耕与游牧二者特性，故能跨越地域与族群广泛传播。这种传播性的表现之一就是它能高效能地“植入”其他信仰，基本不与原信仰发生矛盾，还赋予原信仰以新的内涵。寿生寄库信仰成功地“穿梭”在佛道二教之中，成为二教共享的仪式。正是这种富含本土成分的植入与穿梭，成功地将外来的佛教中国化。从寿生产生开始，这种传播中的穿梭与植入就表现出来。唐代掠剩神信仰本来只是人生福禄有定数观念的一种表现，宋代受到寿生影响，衍生出了死后贿赂掠剩使者，讨回被掠冥财，在阴间享用的内容。寿生信仰和西方净土本来是不相干涉的两个系统，但后来二者也有了交融。明代早期周溥墓寿生阳牒封套上书写还清寿生钱，“伏望冥官照鉴，庶无沉滞，判亡魂生方净界者”的内容，就是祈求还清冥债往生净土。当代有一些生疏牒上也绘有西方净土的图案，就是元明以来这种趋势的发展。同时，寿生寄库也被格义式地使用以理解其他民族的信仰。辽代木叶山焚纸仗纸马祭祀祖先，称为“戴辣”，在翻译这个词的时候，作为辽境的汉人，武珪以自己熟悉的寿生寄库仪式来理解契丹人的“戴辣”，格义式地将其译为“寄库”。寄库被选择出来理解“戴辣”也暗合了其内部本身积淀的草原焚烧祭祀传统，格义和误读也是一种文化交流融合的形式，客观上也是一种传播。寿生对斋醮科仪影响也很大，寿生科仪是一种后起的科仪，但后来融入了几乎所有类型的斋醮仪式，一般来说，元明以降任何斋醮仪式都包含有寿生寄库的环节。到了清代产生了一种说法：水陆道场“所谓水者，即化莲船放水灯是也；所谓陆者，寄库藏化一房屋是也”[①]，水陆道场有寿生寄库的环节，但把水陆道场的“陆”解释为寄库当然是不准确的。寿生寄库和水陆道场有各自独立的起源，寿生寄库后来被水陆道场吸收，四十九天的水陆道场很多环节都有填还寿生寄库的节目，化藏的烟火给人很大的视觉冲击，难怪民间后来把水陆的“陆”解释为寄库。不过，这种说法也证明寿生寄库“植入”水陆仪式以后，产生了巨大影响，甚至成为水陆的代称之一。这种“穿梭”在不同宗教中的传播能力，使寿生

---

① （清）丁秉仁：《瑶华传》，第三十八回，《坤德侯庄还如旧，无碍子剑复会津》，三秦出版社，1990年，第425页。

寄库成为宋代以降三教汇流趋势下最成功的信仰之一，其本身也成为汇流趋势的黏合剂。这种黏合功能也体现在《西游记》成书过程中，取经故事各部分很早就单独发展，但如何把这些分散的故事统合在一起，使取经故事变为一个有首尾结构的整体呢？小说开始部分取经缘起，太宗入冥，许下寿生寄库、水陆道场等三个愿望就承担了黏合的功能，唐僧师徒历尽千辛万苦就是为了达成缘起部分没有实现的水陆道场。这样，分散的取经故事就统合在这条主线索中，构成一部完整的小说。

寿生信仰产生于唐末五代，这是一个历史激烈变化的时代，社会、经济、文化各方面都产生了深刻的变革，新观念和信仰在不断涌现。寿生寄库信仰就是这一时期产生的新信仰，是中国历史上关于生死观念的一次重要变化。佛教传入以后，地狱和三世轮回进入到中国人的观念世界，成为人们对生命和彼岸世界理解的基本架构。中国人改造了印度强调酷刑的十八层漏斗地狱，将中国社会文化特点加入后，把印度式地狱改造为强调审判的十王式地狱。到了唐末五代，审判式的十王地狱又一次衍生出强调契约和财产收支的寿生寄库式金融化的地狱。这一信仰变化背后反映了当时社会的深刻变革，唐宋之际，随着国家税收征收金属货币，货币的使用日益普及。平民社会兴起的大潮中，商业和契约在人们日常生活中占有日益重要的地位。同时，个人性在思想和信仰上被突出，寿生信仰中个人替代教团成为拯救主体，勘核个人性的契约和财产收支替代酷刑审判成为冥府的原则，这在思想观念上是一次“革命性”的变革，具有划时代的意义。本书开篇提到的《西游记》唐太宗入冥，借相良寄库钱的故事尤其体现了这种“革命性”。在寿生寄库的虚拟数字世界中，每个诞生者都自然带有一个负欠数字，这个数字的正负变化完全依赖于出生后的个人选择与行动——焚烧纸钱填还预修，寿生填还是消除负数，预修寄库是增加正数。现实中的贫富、权力在这个虚拟世界中不起作用，冥府财库创造了一个数字世界，这个数字世界中唯一的价值评判是被约化为数字的个人存贷冥钱数量。虚拟的冥钱和契约创造了“平等”，冥府权力为这种契约背书，世间皇权也必须向契约低头。这样的冥府其实已经不是一个恐怖的世界，而是一个在诸多方面提早徘徊在以平等为标志的近代世界门槛边上的社会，对保护私有财产、支持契约精神的理想世界充满吊诡的投射。

图版目录

第一章

图一　寿生寄库科仪文书（韦兵收集）

图二　寿生斋坛文检运行示意图

第二章

图一　库官、库吏纸马

图二　车夫纸马（韦兵收集）

第三章

图一　明道二年（1033）施仁永寿生斋牒

图二　黑水城文献A-32金代抄本《佛说寿生经》

图三　2014年德宝秋拍西夏文《寿生经》残叶

图四　明刊本《寿生经》

a.哈佛燕京图书馆藏松广寺明万历四十六年（1618）刊本《寿生经》

b.国家图书馆藏明代刻本《连相寿生经》

第四章

图一　石篆山第11号长寿王龛2003年出土时情况（杨方冰　摄影）及力伕线描示意图（韦俊辰　绘制）

图二　2016年长寿王龛情况（韦兵　摄影）

图三　石篆山第7龛与第11龛严逊形象

a.第7号毗卢释迦弥勒佛龛

b.第11号长寿王龛

图四　搬运使者细部

图五　斋主严逊、搬运使者、倚门僮仆

图六　掌库曹官和冥府财库

图七　冥府财库

图八　钱库僚员

图九　石篆山第11号长寿王龛造像线描示意图（韦俊辰　绘制）

图十　明清《寿生经》刻本寿生图像

a.哈佛燕京藏朝鲜曹溪山松广寺万历四十六年（1618）刊本卷首扉画

b.国家图书馆藏《连相寿生经》卷首扉画

c.清末宁波三宝经坊刻本卷首扉画

图十一　清代寿生寄库水陆画

参考文献

一、古籍

（汉）王明编：《太平经合校》，中华书局，1960年。

（晋）陈寿：《三国志》，中华书局，2007年。

（唐）戴孚撰，方诗铭辑校：《广异记》，中华书局，1992年。

（唐）令狐德棻等：《周书》，中华书局，1971年。

（唐）牛僧孺撰，程毅中点校：《玄怪录》，中华书局，2008年。

（唐）释道世著，周叔迦、苏晋仁校注：《法苑珠林校注》，中华书局，2003年。

（唐）张鷟：《朝野佥载》，上海古籍出版社，2012年。

（五代）杜光庭：《道教灵验记》，《杜光庭传记十种辑校》，中华书局，2013年。

（五代）孙光宪撰，贾二强校点：《北梦琐言》，中华书局，2002年。
（宋）陈淳著，熊国祯、高流水点校:《北溪字义》，中华书局，1983年。
（宋）程颢、程颐著，王孝鱼点校：《二程集》，中华书局，2004年。
（宋）陈襄：《州县提纲》，《丛书集成初编》本，中华书局，1988年。
（宋）李昉：《太平广记》，中华书局，1961年。
（宋）黎靖德编，王星贤点校：《朱子语类》，中华书局，1986年。
（宋）梁克家：《淳熙三山志》，景印文渊阁四库全书本，台湾商务印书馆，1986年。
（宋）李石撰，（清）陈逢衡疏证，唐子恒点校：《续博物志疏证》，凤凰出版社，2017年。
（宋）李焘：《续资治通鉴长编》，中华书局，1993年。
（宋）李元弼撰，张亦冰点校：《作邑自箴》，中华书局，2019年。
（宋）洪迈撰，何卓点校：《夷坚志》，中华书局，2006年。
（宋）胡太初撰，闫建飞点校：《昼帘绪论》，中华书局，2019年。
（宋）黄休复撰，李梦生校点：《茅亭客话》，上海古籍出版社，2012年。
（宋）孟元老撰，伊永文笺注：《东京梦华录笺注》，中华书局，2007年。
（宋）欧阳修：《新唐书》，中华书局，1975年。
（宋）欧阳修著，李逸安点校：《欧阳修全集》，中华书局，2001年。
（宋）普庵印肃撰，（民国）王徵士、周勋男新编：《普庵禅师全集》，《禅宗全书》，北京图书馆出版社，2004年。
（宋）孙升：《孙公谈圃》，中华书局，2012年。

（宋）陶谷撰，郑村声、俞钢整理：《清异录》，《全宋笔记》，第一编，大象出版社，2003年。
（宋）王稱撰，孙言诚、崔国光点校：《东都事略》，齐鲁书社，2000年。
（宋）王日休：《龙舒增广净土文》，《大正藏》，第47册。
（宋）魏泰撰，李裕民点校：《东轩笔录》，中华书局，1983年。
（宋）王象之：《舆地纪胜》，中华书局，1992年。
（宋）王禹偁：《小畜外集》，四库丛刊初编本。
（宋）吴自牧：《梦粱录》，中国商业出版社，1982年。
（宋）薛居正等：《旧五代史》，中华书局修订本，2016年。
（宋）叶隆礼撰，贾敬颜、林荣贵点校：《契丹国志》，中华书局，2014年。
（宋）佚名：《鬼董》，文物出版社，2014年。
（宋）叶廷珪：《海录碎事》，中华书局，2002年。
（宋）宇文懋昭撰，崔文印校证：《大金国志校证》，中华书局，1986年。
（宋）叶寘撰，孔凡礼点校：《爱日斋丛抄》，中华书局，2010年。
（宋）志磐撰，释道法校注：《佛祖统纪校注》，上海古籍出版社，2012年。
（宋）朱翌：《猗觉寮杂记》，《全宋笔记》，第三编，大象出版社，2008年。
（宋）曾慥：《类说》，卷五，明天启六年岳钟秀刻本，北京图书馆古籍珍本丛刊，第62册，书目文献出版社，1990年。
《全宋文》，上海辞书出版社、安徽教育出版社，2006年。
《全辽金文》，山西古籍出版社，2002年。

（元）方回：《桐江续集》，景印文渊阁四库全书本，第1193册，台湾商务印书馆，1986年。
（元）脱脱等：《辽史》，中华书局，1974年。
（元）脱脱等：《金史》，中华书局，1975年。
（元）脱脱等：《宋史》，中华书局，1985年。
（元）佚名：《湖海新闻夷坚续志》，中华书局，2006年。
（明）冰雪道人：《雅俗通用释门疏式》，早稻田大学藏楚南宝庆府宋三益堂重刊本。
（明）黄宗羲编：《明文海》，景印文渊阁四库全书本，第1453册，台湾商务印书馆，1986年。
（明）彭大翼：《山堂肆考》，景印文渊阁四库全书本，第974—978册，台湾商务印书馆，1986年。
（明）宋濂等：《元史》，中华书局，1976年。
（明）吴承恩：《西游记》，齐鲁书社，1980年。
（明）杨博：《重修延寿寺碑记》，“中国国家数字图书馆·碑帖菁华”。
（明）《嘉兴大藏经》，新文丰出版公司，1987年。
（明）《正统道藏》，新文丰出版公司，1977年。
（清）陈仲远校辑：《广成科仪》，《藏外道书》，巴蜀书社，1994年。
（清）丁秉仁：《瑶华传》，三秦出版社，1990年。
（清）释德融辑：《释氏集要存亡赍奏申格式》，韦兵藏民国抄本。
（清）萨囊彻辰著，道润梯步译校：《蒙古源流》，内蒙古人民出版社，

1981年。
（清）沈廷枢刻：《六十甲子受生经》，孔夫子旧书网拍品：http://www.kongfz.cn/42784442/pic/。
（清）徐乾学：《读礼通考》，景印文渊阁四库全书本，台湾商务印书馆，1986年。
（清）西周生：《醒世姻缘传》，齐鲁书社，1980年。
（清）佚名：《慈悲寿生经忏》，上海图书馆藏清末宁波三宝经坊刻。
（清）张守约：《拟寒山诗》，《六府文藏》，《四库未收书辑刊》，第陆辑・第27册，北京出版社，2000年。
（清）张应昌辑：《国朝诗铎》，中华书局，1960年。
（清）《增修酉阳直隶州志》（同治），《四川府县志辑》，巴蜀书社，1992年。
《长寿王经》，《大正藏》，第3册。
《佛门生斋全集》，侯冲藏清抄本。
《夯夫科》，侯冲藏1927年普济佛会堂抄本。
《结冤造茅解冤仪》，私人藏民国廿七年刘克明抄本。
《灵宝受生填还左案科》，清道光丙申刘道玄抄本，私人收藏。
《填还库官忏全部》，韦兵藏民国抄本。
《填还来生科》，民间秘传古旧书店藏清同治十二年抄本。
《投开库钱仪》，韦兵藏清光绪十一年杨清泉抄本。
《三教太极填还》，韦兵藏清刻本。

嬴世万辑：《佛门填还寄库定制集》，韦兵自藏1922年嬴世万抄本。

《预修填还》，韦兵藏清李信成抄本。

《阴阳祭赏车夫科》，韦兵藏民国抄本。

《卍续藏经》，新文丰出版公司，1994年。

俄罗斯科学院东方研究所圣彼得堡分所、中国社会科学院民族研究所、上海古籍出版社编：《俄藏黑水城文献》，第五册，上海古籍出版社，1998年。

俄罗斯科学院东方研究所圣彼得堡分所、中国社会科学院民族研究所、上海古籍出版社编：《俄藏黑水城文献》，第六册，上海古籍出版社，2000年。

二、著作

（美）柏桦著，袁剑、胡鸿玺译：《烧钱：中国人生活世界中的物质精神》，江苏人民出版社，2019年。

陈莲笙：《陈莲笙文集》，上海辞书出版社，2009年。

（瑞典）多桑著，冯承钧译：《多桑蒙古史》，上海古籍出版社，2014年。

方广锠：《随缘做去 直道行之——方广锠序跋杂文集》，国家图书馆出版社, 2011年。

谷德明编：《中国少数民族神话》，中国民间文艺出版社，1987年。

郭若愚：《古代吉祥钱图像赏析》，上海教育出版社，2000年。

葛兆光：《中国宗教与文学论集》，清华大学出版社，1998年。
高振威、周利宁：《江苏江阴叶家宕明墓发掘简报》，《文物》2009年第8期。
侯冲整理：《佛门受生宝卷》，《藏外佛教文献》，第二编，总第十三辑，中国人民大学出版社，2010年。
侯冲：《中国佛教仪式研究：以斋供仪式为中心》，上海古籍出版社，2018年。
黄永年：《茭蒲青果集》，中华书局，2012年。
金克木：《旧巢痕》，北京联合出版公司，2020年。
姜生：《汉帝国的遗产：汉鬼考》，科学出版社，2016年。
柯昌泗：《语石异同评》，中华书局，1994年。
刘浦江：《宋辽金史论集》，中华书局，2017年。
潘玮琳：《礼俗消费与地方变迁：江浙锡箔的物质文化史》，上海社会科学院出版社，2018年。
（日）三浦国雄：《不老不死的欲求：三浦国雄道教论集》，四川人民出版社，2017年。
汪涓：《敦煌礼忏文研究》，台北法鼓文化事业股份有限公司，1998年。
王卡：《敦煌道教文献研究》，中国社会科学出版社，2004年。
王松林、田佳训：《萨满文化和中华文明》，吉林大学出版社，2011年。
王小甫：《中国中古的族群凝聚》，中华书局，2012年。
王重民：《敦煌遗书总目索引》，中华书局，1983年。

（释）印光：《印光法师文钞》，苏州灵岩山寺弘化社刊行。

余英时：《中国思想传统的现代诠释》，联经出版公司，1987年。

余英时著，侯旭东等译：《东汉生死观》，上海古籍出版社，2005年。

钟焓：《重释内亚史：以研究方法论的检视为中心》，社会科学文献出版社，2017年。

张总：《地藏信仰研究》，宗教文化出版社，2003年。

《中国各民族宗教与神话大词典》编审委员会编：《中国各民族宗教与神话大词典》，学苑出版社，1990年。

三、论文

褚国娟：《宋无佛会寺——对石篆山〈严逊记〉碑的分析》，《湖南工业大学学报》2014年第1期。

程永建：《洛阳宋金墓葬出土的几种压胜钱》，《中国钱币》1996年第1期。

陈灼：《大足石刻石篆山宋代造像及相关问题》，《大足石刻研究文集（5）》，重庆出版社，2005 年。

顾春军：《“纸钱”流变考论》，《文化遗产》2015年第3期。

谷更有：《跋〈大金国陕西路某告冥司许欠往生钱折看经品目牒〉（俄A32）》，《燕赵学术》2012年秋之卷。

高山杉：《关于韦力先生拍到的西夏文残经》，澎湃新闻《上海书评》，2017年10月25日。

高秀君、李金娟：《大足石篆山石刻“十四龛”造像问题考》，《大足学刊》（第一辑），2016年。

胡彬彬等：《丹青教化：长江流域民俗文化与艺术遗存（水陆画）》，湖南大学出版社，2013年。

侯冲：《〈佛门请经科〉：〈西游记〉研究的新资料》，《宗教学研究》2013年第3期。

侯冲：《石篆山石刻——雕在石头上的水陆画》，大足石刻研究院：《2009年中国重庆大足石刻国际学术研讨会论文集》，重庆出版社，2013年。

侯冲：《水陆碑研究》，《艺术史研究》，第16辑，中山大学出版社，2014年。

（法）侯锦郎：《中国宗教中的冥币和财库观念》（Ching-lang Hou：*Monnaies d'offrande et la notion de trésoserie dans la religion chinoise*，Paris：Mémories de l'Insititut Des Hautes Etudes Chinoises，Collège de France，Vol.1,1975）。

（法）侯锦郎著，许丽玲摘译：《从考古、历史及文学看祭祀用纸钱的源流与递变》，《民俗曲艺》第72期，1991年。

（法）侯锦郎著，许丽玲摘译：《台湾常见的祭祀用纸钱》，《民俗曲艺》第81期，1993年。

黄翔：《上海嘉定区李新斋家族墓发掘简报》，《上海文博论丛》2011年第2期。

蒋馥蓁：《道教的“受生填还”仪式：以四川〈广成仪制〉为中心的考察》，《民俗曲艺》第194期，2016年。

姜生：《马王堆一号汉墓四重棺与死后仙化程序考》，《文史哲》2016年第3期。

姜生：《汉代老子化胡及地狱图考》，《文史哲》2018年第2期。

姜守诚：《明清社会的寄库风俗》，《东方论坛》2016年第4期。

姜守诚：《佛道〈受生经〉的比较研究（上）》，《老子学刊》2017年第1期。

姜守诚：《“寄库”考源》，《宗教学研究》2019年第1期。

姜守诚：《道教寄库醮仪考释》，《世界宗教研究》2019年第4期。

江西省文物考古研究所、德安县博物馆：《江西德安南宋周氏墓清理简报》，《文物》1990年第9期。

刘长东：《论民间神灵信仰的传播与接受——以掠剩神信仰为例》，《四川大学学报》2007年第4期。

刘未：《受生牒》，公众号“鸡冠壶”于2017年9月3日发布。

陆锡兴：《南宋周氏墓纸钱及有关问题考》，《文物》1993年第8期。

陆锡兴：《吐鲁番古墓纸明器研究》，《西域研究》2006年第3期。

陆锡兴：《唐宋时期的纸钱风俗》，《文史知识》2010年第4期。

李志诚：《宋元时期佛教与道教预修仪式研究》，香港中文大学博士论文，2019年。

宁强、何卯平：《西夏佛教艺术中的“家窟”与“公共窟”——瓜州榆林窟第29窟供养人的构成再探》，《敦煌学辑刊》2017年第3期。

秦光永：《再论唐宋星命术中的“计都”与“月孛”：以杜光庭〈广成集〉为中心的考察》，未刊文。
任江：《江南地区明墓出土受生牒研究》，《东南文化》2019年第6期。
孙伯君：《从两种西夏文卦书看河西地区“大唐三藏”形象的神化和占卜与佛教的交融》，《民族研究》2016年第4期。
孙伯君：《西夏文相马、养马法〈育骏方〉考释》，《北方民族大学学报》2018年第2期。
山东济宁地区文物局：《山东嘉祥县元代曹元用墓清理简报》，《考古》1983年第9期。
史金波：《敦煌莫高窟北区出土西夏文文献初探》，《敦煌研究》2000年第3期。
邵佳德、王月清：《近代的应赴僧及经忏佛事——以江浙地区为中心》，《世界宗教研究》2014年第4期。
宋坤：《填还阴债与预寄珍财——古代“受生”“寄库”观念考辨》，《敦煌研究》2017年第3期。
孙英刚：《想象中的真实：隋唐长安的冥界信仰和城市空间》，《唐研究》（第15卷），北京大学出版社，2009年。
孙仲汇：《宋代寿生会钱》，《江苏钱币》2009年第3期。
谭优学：《泰山·蒿里·阎罗·酆都》，《广斗居室随笔》，作者自印本，1993年。
韦兵：《道教与北斗生杀观念》，《宗教学研究》2005年第2期。

韦兵：《俄藏黑水城文献〈佛说寿生经〉录文：兼论十一—十四世纪的寿生会与寿生寄库信仰》，《西夏学》（第5辑），上海古籍出版社，2010年。
韦兵：《黑水城文献汉文普礼类型礼忏文研究》，《西夏学》（第八辑），上海古籍出版社，2011年。
韦兵：《“星神尤乐蜀中”：唐宋四川地区炽盛光佛星曜神图像研究》，《2014年大足学国际学术研讨会论文集》，重庆出版社，2016年。
韦兵：《大足北宋寿生信仰造像：石篆山“长寿王龛”考辨》，大足学国际学术研讨会（2019年12月）。
王承礼：《契丹的瑟瑟仪和射柳》，《民族研究》1988年第3期。
王雪农：《中国冥币瘗钱及其演变过程》，《中国钱币论文集》（第3辑），1998年。
吴聿明：《苏州太仓县明黄元会夫妇合葬墓》，《考古》1987年第3期。
王政：《元杂剧〈丽春堂〉〈蕤丸记〉与契丹女真人射柳风俗考》，《民族文学研究》2013年第1期。
徐秉琨：《横簇箭与射柳仪》，《社会科学辑刊》1980年第4期。
萧登福：《从道佛两教（受生经）看民间纸钱寄库思想》，《宗教哲学》1997年第1期。
夏金华：《纸钱源流考》，《史林》2013年第1期。
新疆维吾尔自治区博物馆：《吐鲁番县阿斯塔那—哈拉和卓古墓群发掘简报（1963—1965）》，《文物》1973年第10期。

新疆维吾尔自治区博物馆、西北大学历史系考古专业：《1973年吐鲁番阿斯塔那古墓群发掘简报》，《文物》1975年第7期。

徐靖焱：《道教科仪与民间信仰的互动——以广成科仪“祭享神吏夫丁”为例》，《宗教学研究》2019年第2期。

许蔚：《孤魂考——道教与中土佛教幽科中一种类型化幽灵的生成》，《中华文史论丛》2018年第4期。

杨方冰：《大足石篆山石窟造像补遗》，《四川文物》2005年第1期。

杨剑：《酬还冥间借贷和预送冥银入寄库的填还预修仪式》，《民俗曲艺》第126期，2000年。

余欣：《冥币新考：以新疆吐鲁番考古资料为中心》，《世界宗教研究》2012年第1期。

尹志华：《清代道士陈复慧、陈复烜编纂、校勘的道教科仪书略述》，《中国道教》2010年第5期。

张崇依：《纸钱新探——以唐宋社会礼俗互动的视阈》，《西南民族大学学报》2017年第11期。

赵睿才、杨广才：《“纸钱”考略》，《民俗研究》2005年第1期。

郑绍宗、王静如：《保定出土明代西夏文石幢》，《考古学报》1977年第1期。

主题索引

B

宝树，神树，生命树　20，52，53，89，90，91，92，93，94，95，96，97，98，99

C

车夫，力伕，脚伕，夯夫，夫丁　23，24，31，32，33，73，74，119，120，121，122，123，124，125，126，127，128，129，130，131，132，133，134，135，136，137，168，191，192，194，205，206，213，215

楮币，楮镪　7，54，173，202

D

东嶽 17，18，25，32，33，34，100，101

读经折钱，念经折钱 7，8，13，20，22，43，63，64，170

F

焚化 1，4，31，33，34，36，37，66，69，70，71，77，78，82，86，131，154，168，171，178，203

焚钱 49，50，51，70，71，86，99，120，171

焚烧 2，5，6，43，53，57，58，66，67，75，77，78，79，80，81，82，84，85，86，87，88，89，99，119，124，131，144，176，205，222，243，251，253

焚修 52，69，70，241，243

J

计算，筹算，算计 5，40，41，46，47，49，152，227

寄库 （略）

架阁 33，71，72

借贷 4，5，13，16，20，25，30，49，53，91，154，224，226，227，232，233，245

经忏 6，12，14，15，16，17，18，25，68，101，176，197，198，231，232，234，235，236，237，238，239，246，247

K

库官，库曹官，掌库　20，21，24，26，30，34，36，72，73，75，91，102，111，115，116，118，124，159，169，181，184，206，208，209，213，215，225

库吏，库子　20，44，63，91，100，101，102，103，111，112，113，114，115，116，117，118，206，208，213，215，224

L

六十甲子　5，13，14，25，43，49，101，141，208，211，213，240

M

冥财　4，31，33，34，40，41，46，47，48，49，75，99，103，117，119，120，121，122，123，124，125，127，128，129，130，151，152，153，154，156，172，178，203，204，206，213，215，250

冥福　41，49，138，198，200

冥府，地府　1，2，4，5，7，9，10，13，15，17，18，19，20，25，30，32，34，35，40，41，46，47，48，49，51，52，57，64，66，71，74，78，90，91，100，101，102，103，104，105，108，117，118，124，125，129，130，136，137，152，159，169，172，173，175，179，202，203，205，206，208，209，210，211，213，215，219，220，221，

225，226，227，229，232，233，247，253

冥吏　46，48，58，66，69，87，100，104，105，106，108，109，110，111，120，123，124，128，130，131，213

冥钱　1，5，37，39，41，45，53，54，58，66，67，68，71，76，86，99，111，121，155，205，213，245，253

冥司　3，4，8，13，15，20，25，33，37，43，44，50，51，52，63，65，70，71，75，90，91，103，104，108，111，116，117，118，128，141，151，153，154，155，156，167，168，169，170，187，203，208，210，211，226，233

冥王，十王　2，5，7，9，14，17，18，32，41，42，50，51，100，159，194，198，199，200，211，220，221，252

冥债　13，16，40，43，46，49，50，63，69，97，142，151，170，199，201，203，211，213，216，218，250

Q

契约　1，2，5，6，9，49，168，217，226，227，247，248，252，253

R

入冥　1，7，25，57，58，67，68，69，73，87，90，103，104，105，108，119，120，156，224，226，227，232，233，238，244，245，

248，252，253

S

烧饭　78，79，82

烧赛　138，141，151，153，154，155，170

神弓，圣箭　20，22，52，53，89，90，91，95，97，98，99

十二相属，十二生肖　5，13，14，15，16，141，142，144，169，201，208，211，232

寿生，受生　（略）

疏牒　13，23，117，139，158，203，208，251

水陆　32，124，129，130，172，173，175，176，177，188，213，214，215，216，220，221，229，235，238，242，243，244，245，248，251，252

T

唐僧，唐三藏，三藏法师　14，15，17，25，117，119，220，229，231，232，233，234，235，236，238，239，244，245，246，248，252

天曹　19，20，22，23，30，32，33，44，45，46，47，50，51，52，68，69，70，71，77，90，103，112，113，159

填还　4，5，13，22，24，25，26，28，30，31，32，33，34，37，38，45，48，49，50，51，52，53，64，73，74，91，97，99，100，

101，102，117，118，119，121，125，127，130，131，137，141，153，167，168，169，172，176，203，204，215，216，218，231，232，233，237，242，245，249，251，253

Y

阳牒　4，23，24，31，34，36，37，42，71，118，139，154，155，156，171，172，175，201，203，204，205，233，245，246，250

瘗埋　53，69，75，76，77，78，82，84，85，99，171

瘗钱　54，55，76

阴牒　4，34，36，71，72，118，154，156，172，176，201，203，204，213

阴吏　36，47，119

阴阳牒　4，23，24，31，154，175，233

印信，钤　31，129，130，173，175，176，191，202，203，204，205，215，246

应赴僧　6，26，64，119，130，234，235，236，237，238，239，241

预修　9，14，18，24，26，30，32，33，34，35，36，41，42，43，46，47，49，51，53，101，117，118，121，123，125，127，130，131，137，173，176，198，199，200，203，216，230，232，233，236，237，238，253

Z

斋牒　11，42，49，139，140，153，154，156，170，187

斋会　15，26，35，124，130，131，134，135，151，153，154，171，172，175，176，178，203，216，218，230，236，237，238，241，249，250

斋坛　4，30，31，33，34，36，64，71，117，124，126，127，131，171，172，173，175，176，201，202，203，204，207，208，215，234

斋主　4，30，31，33，34，36，64，71，117，124，126，127，131，171，172，173，175，176，201，202，203，204，207，208，215，234

纸钱　1，2，3，4，5，7，8，9，13，18，31，36，41，43，45，46，47，48，49，50，51，53，54，55，56，57，58，61，63，64，65，66，67，68，69，70，73，75，76，77，78，79，85，86，87，88，89，99，103，105，112，113，119，131，135，136，138，151，152，155，156，157，168，176，178，179，206，210，222，228，239，243，253

后 记

寿生寄库是宋代开始流行的新信仰，对人的身后世界有了和从前全然不同的理解。简单地说，就是生死和轮回用“钱”就能解决，功德和拯救也可以用“钱”来折算。这个很“现代”的观念是唐宋之际大变革在精神信仰方面的一个表现。书名本来应该叫《冥府的金融与契约：宋代以来的寿生寄库信仰》，但据说“冥府”二字会刺激人的神经，虽然不理解这两个字的刺激性在哪里，但也妥协了，采用了现名。遗憾的是现名“储蓄来生”仅指寄库，不能涵盖填还旧债的寿生。当然，无论寿生还是寄库根本上都是求来生福报，“储蓄来生”勉强也能说得过去，这种强词夺理的辩解主要用于自我安慰。

从2008年左右算起，关注这个主题，不知不觉竟然已经十四五年了。当年在川大图书馆港台书室翻黑水城文献，读到那篇金代《寿生经》（其实是寿生科仪抄本），感叹这真可谓东方的“免罪符”！2010年写完考证黑水金代《寿生经》的文章，提交参加宁夏大学西夏学研究中心主办的“黑水城文献与西夏学国际学术论坛”，行前在大慈寺喝茶，旁边一个路过的居士孃孃自言自语地说：今年的寿生还没有还。我才晓得原来这种信仰在现实生活中仍旧存在，自此心中留了个念头。世间诸事大概得讲究个愿力和缘分，念念不忘，有时或真能感得胜缘，2014年和董华锋教授一起去大足石篆山，坡上是大足县境，坡下就是荣昌县，冒雨手脚并用，满身泥泞，狼狈爬到坡下去看那龛炽盛光十一曜，不曾想得见那可能是今存唯一之宋代寿生信仰造像龛。此后，更多获师友助缘，得见珍贵出土文书、图像及科仪抄本甚夥，遂能左右逢源，辨章考镜，虽不免挂一漏万之讥，亦勉强敷衍成书，以就教于通人。2019年末到2020年春疫情封闭期间，正藉撰成此书，方能略谴忧闷，回忆当时诸多人事，至今仍多感慨。尤其看到清代科仪文本中十二宫之辰宫天曹掌籍官姓名时，我说服自己相信诸事前定，好人升天。无论对于个人还是整个文明，解释力和意义感都是稀缺资源。感谢丛书组织者东杰兄的不断鼓励，有一次你无意间说：“写本书送朋友，这多好呀！”这句话真的很励志。感谢聂鸿音教授、侯冲教授、李晓宇教授的帮助；感谢秦光永、李飞、徐阳、王立、卢振涛、刘益民、吴杰、郑昊、韦俊辰、王章等同学协助订正、补充书稿。时间过得很快，当年一起讨论的本科生、硕士生，如今或博士在读，或已毕业参加工作，但我们常去的“花隐”已被拆成一片荒地了，此书就权当大家相聚论道缘分的一个纪念。

最后，此书献给故友黄勇：钱和生死，这个话题你会感兴趣。

2020年5月4日

图书在版编目（CIP）数据

储蓄来生 ：宋代以来的寿生寄库信仰 / 韦兵著. --
成都 ：巴蜀书社，2022.8（2023.7重印）
（深描丛书 / 王东杰主编）
ISBN 978-7-5531-1588-7

Ⅰ. ①储… Ⅱ. ①韦… Ⅲ. ①信仰－民间文化－中国
－唐宋时期 Ⅳ. ①B933

中国版本图书馆CIP数据核字（2021）第244614号

CHUXU LAISHENG SONGDAI YILAI DE SHOUSHENG JIKU XINYANG

储蓄来生：宋代以来的寿生寄库信仰

韦兵 著

策　　划　周　颖　吴焕姣
责任编辑　王　莹
特约编辑　李　蕾　周　雨
封面设计　周伟伟
内文设计　四川胜翔数码印务设计有限公司
出　　版　巴蜀书社
　　　　　四川省成都市锦江区三色路238号新华之星A座36楼　邮编：610023
　　　　　总编室电话：（028）86259397
网　　址　www.bsbook.com
发　　行　巴蜀书社
　　　　　发行科电话：（028）86259422　86259423
经　　销　新华书店
印　　刷　成都东江印务有限公司
版　　次　2022年8月第1版
印　　次　2023年7月第2次印刷
成品尺寸　130mm × 185mm
印　　张　9.125
字　　数　166千
书　　号　ISBN 978-7-5531-1588-7
定　　价　70.00元